거북이가 된
고슴도치

거북이가 된 고슴도치

| 초판인쇄 | 1판 1쇄 2018년 9월 17일
| 저　　자 | 문성훈
| 펴 낸 이 | 최검열
| 펴 낸 곳 | 도서출판 밀알
| 등록번호 | 제1-158호
| 주　　소 | 서울시 강남구 도산대로 154 한성빌딩 3층
| 전　　화 | 02) 529-0140
| 팩　　스 | 02) 579-2312

> **일러두기**
>
> 본문 글 중에서 직접인용에는 구어체와 지방 방언을 그대로 사용하는 것을 원칙으로 하였고, 직접인용이 아닌 글 속에서도 삶의 정감을 표현하는 단어들은 표준어 용례 규정을 따르지 않고 저자의 표현을 그대로 살리고자 하였습니다. 독자분들의 이해를 바랍니다.

- 이 책의 내용에 대한 무단 복제 및 전재를 금하며, 저자와 도서출판 밀알의 허락 없이는 어떠한 방식으로든 2차적 저작물을 출판하거나 유포할 수 없습니다.
- 잘못된 책은 교환해 드립니다.

ISBN 978-89-418-0300-3(03810)

거북이가 된
고슴도치

문성훈

contents

갈치와 커피	11
제가 하고픈 말은	15
엄마라는 이름으로	18
명의	21
갑질하기	24
하이에나 01	29
하이에나 02	32
글쓰기의 불편함	36
거짓말	39
세상에 나서는 지점	41
앙꼬빵과 페스츄리	43
설거지	46
이카로스들의 세상	47
사치와 허영	49
몰두와 골몰	52
쉽지 않다	54
쉽고도 어려운 일	57
별 걱정을 다	60
포레스트 검프 Forrest Gump	64
TV를 보다가 01	68
TV를 보다가 02	70

사람은 누구나 떠난다	73
중3 아들 주저앉히기	75
주방장 9시 나라시 10시	77
그랬으면	80
여성 국방장관을 기다리며	81
참외	84
스케일	86
싸구려면 어때	88
팥빙수	90
미시missy	92
짜글이와 빵	95
시험	97
봄비	99
+ - 0 플러스 마이너스 제로	101
등산	103
방송 유감	105
방송출연 유감	106
청문회 유감	113
언론폭력	116
박항서	118
뜻하지 않은 휴식	120

contents

내 맘대로 차례상	122
사랑을 말하자면	124
죽음 그리고 다시 맞는 아침	125
거북이가 된 고슴도치	128
생각이 나곤 해	130
고향	133
똥주론(便酒論)	135
어떤 연구	137
오소리강	139
이 남자가 사는 법	142
수박 한 덩이 골목길 단상	145
산다는 게	147
유난스런 취미생활	148
나라의 어른	150
인간이라는 동물	152
어떤 깨달음	154
추석이면	156
군대 폭력	158
여자들이 싫어하는 이야기	161
화상(畫像)같은 화상(華商)	165
IT강국 한국에 바란다	167

똘아이 길들이기	171
1026 세상을 가른 총성	173
무식자의 클래식 감상	175
아홉수	179
내 몸엔 제어장치가 있다	181
외식	183
결혼 그까이 꺼	185
젤리과자	187
후회	188
이틀 동안 생긴 일	190
에스컬레이터	193
벚나무	194
배려	195
REMEMBER 0416	197
비쿠냐와 캐시미어	200
연애가 별건가	202
시인과 의사	206
그대의 죽음을 슬퍼한다(신문지방新聞紙榜)	207
자식이란	209
소통	212
세 사람	214

contents

꽈배기 철학 / 행주산성 01	219
십자가 / 행주산성 02	220
밤을 본다 / 행주산성 03	222
여행	224
반려견	225
개와 늑대의 시간	227
망고 Story 01	229
망고 Story 02	231
망고 Story 03	233
망고 Story 04	236
망고 Story 05	239
망고 Story 06	241
망고 Story 07	243
걱정을 줄이는 용기	246
당신도 이 버스를 타고 있다	248
당신과 마주한다면	251
캘리그라피	253
DJ DOC	255
트루먼 쇼	257
마지막 날 01	263
마지막 날 02	267

마지막 날 EPISODE	272
마지막 날 03	274
마지막 날 04	279
마지막 날 05	286
잊고 사는 것들	293
졸업작품	296
이런 경우	299
분노해야 할 때	301
소맥의 유래	304
내 것이 된다는 것	306
금성에서 온 여자와 살기 01	308
금성에서 온 여자와 살기 02	311
금성에서 온 여자와 살기 03	315
금성에서 온 딸 키우기	317
새끼와 제자	320
누룽지	322
오늘 쓰는 어제 일기	324

갈치와 커피

아내와 가까이 지내는 친구 남편은 낚시가 취미인 의사다. '어선 면허증' 뭐 그런 자격증까지 있다고 하니 보통 좋아하는 게 아닌 모양이다.

어느 날 아내가 그 양반이 제주도 낚시를 다녀왔다면서 갈치 한 박스를 받아 왔다.

갈치. 내가 어릴 때부터 무척이나 좋아하는 생선이다.

평생 잊혀지지 않을 그날의 기억도 갈치와 함께였다.

초등학교 6학년 즈음이었다.

남녘 끝이라 겨울에도 눈을 보기 힘든 곳이다 보니 그날의 진눈깨비는 잊혀지질 않는다.

엄마는 설거지를 하고 계셨고, 나는 언제나처럼 식탁에서 숙제를 하며 졸고 있었다.

그때다.

"갈치 사려~! 갈치~!"

고향 동네는 좁은 골목을 끼고 밭고랑처럼 줄지어 지은 옛 일본식 관사촌이다. 리어카가 들락거릴 수 없는 좁은 골목들이다 보니 생선장수, 채소장수, 칼갈이 아저씨까지 다들 골목이 끝나는 큰길에서 목청껏 손님을 찾았다.

"엄마, 갈치 묵고 싶어."
"그라모 저녁에 갈치 찌지 묵을까."

엄마는 이내 젖은 손을 훔치고 손지갑을 찾아 나가셨다.
그런데 곧 다시 들어오셨다.

'뭘 두고 가셨나? 지갑은 들고 나가셨는데…?'

아니다. 주전자 물을 데우고, 미제 맥스웰 커피를 타서는 마호병에 담으시더니 곧장 다시 나가셨다.

이윽고 돌아오신 엄마의 손엔 고대하던 갈치가 들려 있지 않았다.

"엄마 갈치는?"
"갈치는 다음에 묵자."

화가 났다. 내 갈치…. 볼멘소리가 나왔다.

"와?"

갈치를 사러 나갔더니 부부 생선장수더란다. 다른 아줌마들과 순서를 기다리는데 초겨울 진눈깨비까지 내리는 추운 날씨다보니 살풋 언 생선을 다듬는 그분들 손에 핏기가 어려 있었던 모양이다. 그래 사는 모습이 정겹기도 하고 안쓰럽기도 해서 따뜻한 커피라도 타주고 싶은 마음에 다시 들어오신 거란다.

여기까지는 금방 이해가 갔다. 그런데 내가 오늘 저녁에 갈치를 못 먹어야 되는 이유로는 부족했다. 해서 여쭤봤다.

거북이가 된 고슴도치

"근데 갈치는 와 못 묵는데?"

 엄마는 그리 말씀하셨다. 사는 모습이 예뻐서 좋은 마음으로 커피를 타서 주었는데, 그리고서 갈치를 사게 되면 그분들 또한 인지상정인지라 원래 마릿수보다 한 마리를 더 얹어주거나 같은 마릿수에 가격을 깎아서 부르지 않겠느냐고…. 그렇게 되면 엄마의 진심이, 진정성이 바래는 것 같아서 그날은 갈치를 안 사시겠다고 하셨다.

 그때야 어린 마음에 갈치를 못 먹으니 속상한 마음이 우선이라 미처 다 못 깨달았지만 머리가 커 갈수록, 세상을 알아 갈수록 그날의 기억은 큰 가르침이 되어 더욱 선명해졌다.

 나는 아직까지 이보다 쉽고 간단한 가르침을 어디에서고 찾지 못했다.

제가 하고픈 말은

나는 매년 한 학기 동안 건축과에서 강의를 한다. 그 한 학기를 마치고 같이했던 학생들에게 이런 글을 남겼다.

귀는 열어두고 마음은 내려놓고 몸은 가만두지 마십시오. 앞으로 세상에 맞서면서 여러분이 익숙해져야 하는 것 중에는 누군가의 말과 글에 귀 기울이는 자세와 겸양이 있습니다.

어떤 질문을 하는지, 전하고자 하는 바는 무엇인지 놓치지 않는 신중함과 알맹이를 추려 내 것으로 만드는 지혜야말로 스스로 깨닿지 못하는 소중한 자산이 되어 여러분을 성장시킬 겁니다.

　작은 예가 되겠습니다만, 여러분의 시험 답안을 보면서도 안타까운 점은 질문의 요지를 파악하는 능력이 부족하다는 것이었습니다. 대답을 듣고자 하는 질문의 대부분은 그 질문 안에 답이 있기 마련입니다. 한 번으로 부족하면 여러 번 반복 하십시오. 되뇌십시오.

　마음을 풀어놓고 내려놓는 시간을 가지시기 바랍니다. 긴장과 불안은 생각을 멈추게 합니다. 능력이 감당하지 못하는 욕심은 화를 부르기 마련입니다. 아직 여러분에게 주어진 시간은 많이 남아 있습니다. 조급하게 생각하지 마십시오.

　여러분은 채워나가는 단계지 정리하는 단계는 아니지 않습니까. 다만, 내가 어디쯤 있는지 가끔은 발을 구르고 옆을 돌아보면서 길을 나서기 바랍니다.

　사람은 머리가 좋아야 한다고들 말합니다. 많은 것을 알아야 경쟁력이 있다고도 합니다. 그런데 더 중요한 것은 지능이 아니라 지혜입니다. 지혜는 지능이 감당하지 못하는 영역입니다. 지혜는 암기 능력도 아니거니와 두뇌 회전도 아닙니다. 몸으로 체득한 감각이고, 보고 느낀 감성의 결과물이며 타인과의 소통으로 만들어지는 고유한 정체성입니다.

　많은 것을 알려고 노력하는 것보다 더 중요한 것은 무엇을 알아야 하는지 깨닫는 일인지도 모릅니다. 기민하게 움직이고, 몸을 사리지 않고 부딪치라고 말하고 싶습니다. 그리고 온갖 구상으로 밤을 지새우기보다 수없이 많은 파지를 내며 직접 쓰고 그리면서 내 몸이 반응하는 그 미묘한 파장이 잠자고 있던 감성을 깨우고 두뇌를 자극하는 체험을 하게 되길 바랍니다.

방법은 알려드릴 수가 없습니다.

제가 알지 못해서입니다.

저로서는 알 길이 없습니다만, 여러분은 이미 알고 있습니다.

엄마라는
이름으로

 '둘만 낳아 잘 기르자'란 표어가 사라진 지 얼마 되지 않은 듯싶은데 인구가 감소한다고, 머잖아 한국이란 나라가 없어질 우려가 있다고 야단입니다.
 그런 와중에도 얼마 전 노약자석 시비로 20대 임산부 배를 걷어찬 70대 노인이 뉴스까지 나오다 보니 문득 떠오르는 일화가 있습니다.
 한여름 빈자리 없이 꽉 찬 고속버스 안이었습니다. 다들 먼 길 졸음에 눈꺼풀이 내려앉으려는데 시원찮은 에어컨 때문인지, 뭐에 그리 마뜩잖은지 울음보 터진 젖먹이를 어르고 달래느라 젊은 엄마 이마에는 송골송골 땀방울이 돋아나고 있었습니다.

미간을 찌푸리는 주변 승객들 눈치 보며 연신 죄송하다 조아리며 허둥대는 품새가 아마도 첫아이임을 짐작하게끔 했습니다.

일촉즉발. 누군가의 입에서 짜증 섞인 항의가 나오려는 찰나.

"아 새댁! 찬찬히 해. 미안해 할 것도 없고…. 여기 전부 그렇게 애미 애간장 녹이면서 컸어. 누군 하늘에서 툭 떨어졌나? 다 애미 골수 빼서 세상에 났지."

원래부터 목청이 크신 게 분명해 보이는 뒷좌석 한 할머니의 일갈로 일순 긴장이 감돌던 차내에 배시시 미소가 번졌습니다.

평소에도 기세고 당차기로는 누구 못지않은 경상도 할매, 제 어머니였습니다.

세상의 어머니들은 모두 위대합니다. 저는 5일장이 열리는 날이면 내다 팔 채소를 널어놓고 거리낌 없이 어린 자식에게 젖을 물리던 젊은 엄마들을 보고 자랐습니다. 동네 어른들의 야단과 칭찬이 천둥벌거숭이인 우리들을 사람 구실하게 만들었습니다.

그 시대로 돌아가자거나 모든 것이 좋았다는 얘기가 아닙니다. 다음 세대를 이어갈 소중한 생명을 잉태하는 일이 얼마나 대단하고 가치 있는 소명인지 느낄 수 있게끔 한다면, 이 세상의 아이들이 모두 내 자식이고 우리의 소중한 희망이고, 약속된 미래라는 인식을 우리 모두가 공유할 수 있는 방안부터 먼저 강구한다면 저출산 문제를 푸는데 좀 더 수월하지 않을까 하는 생각이 듭니다.

명의

결국 담배가 문제였다.

오랜만에 뵌 큰아버님 안색은 이전보다 오히려 좋아보였다. 제사를 지내고 음복을 하던 참이다.

"그래서요?"

"그러게. 바뀐 건 하나도 없는데 앉았다 일어나면 그렇게 어지럽고 다리가 후들거리더라니까."

"형님과 같이 가셨던 거죠?"

"응. 아무 걱정 말고 그렇게 하라두만…. 그리고 지금까지 아무 탈이 없네. 허허."

여든을 넘기고 아흔을 바라보시는데 최근 어지럼과 기력이 많이 떨어지셔서 사촌형과 병원을 찾으셨단다.
문진과정에서 고개를 갸우뚱하던 의사가 찾아낸 이 의문스런 병의 원인은 큰아버님의 금연이었다.
평생을 피우시던 담배를 얼마 전 끊으셨단다.
처방도 그만큼 특이했다.
참지 말고 이전처럼 흡연을 하시란 거다.

"그래도 된대?"
"응. 그리곤 거짓말같이 어지럽다고 안하셔. 예전처럼 마실도 다니시고…."

사촌형은 웃음기 띤 얼굴로 말했다.

"의사가 여지껏 피우셨는데 사는 날까지 좋아하시던 거 하게 해야지 못하게 해서 생기는 병이라고 하더라."

큰아버님의 짧은 금연기간 동안 사촌형 내외의 반가움이야 더 말할 나위 없었겠지만, 손주들 아우성에, 재떨이 비우는 며느리 눈치 봐서 그 연세에 끊었던 담배니 얼마나 스트레스였겠는가? 그런데 의사선생님이 공식적으로 인가까지 해줬으니 이제는 맘껏 피우시게 된 거다.

사람이 살다보면 때로는 일반화된 상식보다 이렇듯 예외적인 일들이 생기니 살맛 나는 세상인가 보다.

동생들 먼저 보내고 남으신 큰 어른이시니 더욱 건강하고 오래 사시길 빈다. 좋아하는 담배 맘껏 피우시면서….

갑질
하기

좋게 말하자면 당당한 거고 나쁘게 보자면 건방지다는 느낌을 지울 수 없었다.

자투리 기간을 빼고 계산해보면 2년이 채 안 되는 기간 동안 그 일을 해냈다는 건 대단한 능력(?)이 아닐 수 없었다.

햇수를 곰곰이 되짚어 보니 10년을 훌쩍 넘긴 이야기다.

회사를 시작하면서부터 경력사원은 채용하지 않고 신입사원으로만 충원을 했었다. 그들과 시작과 끝을 같이 하겠다는 각오였고, 제대로 키워 인테리어와 디자인에 대한 내 생각을 전승하리라는 뜻을 품었었다. 몇 명 되지 않는 구멍가게 규모의 회사라 모두가 일인다역을 해내야 했으니 밤샘을 하지 않는 날이 오히려 드물었다.

그만큼 1명의 신규채용은 큰 부담이었고 신중에 신중을 기하지 않을 수 없었다. 1명을 채용하더라도 지원자가 많다 보니 직원들이 지원서 서류심사를 해서 50~60명을 추려놓는다. 그러면 토, 일요일만 이용해서 면접을 치르다 보니 으레 2~3달은 족히 소요된다.

그나마 다른 회사보다 유리한 것은 디자인회사로서는 필수적이었던 포트폴리오, 최종 학력증명서나 성적서를 요구하지 않는다는 정도였다.

한마디로 인터넷 지원서 한 장이면 족하고 운 좋게(?) 면접일정 통보를 받으면 3차에 걸친 면접까지 버틸 끈기만 있으면 됐다. 물론 그런다고 합격한다는 보장은 없었지만….

회사로서도 리스크는 있었다. 일정이 길다 보니 앞선 면접에서 괜찮은 친구다 싶어 2, 3차 면접 연락을 주면 이미 다른데 합격통보를 받고 취업을 결정한 경우가 다반사였다. 내 사람이 아니라고 생각했고, 그 사람이 운이 없구나 자조했다.

그녀는 경력이 있지만 신입사원에 지원했고, 이전 직장은 대기업의 설계직이었다. 요구하지도 않은 포트폴리오로 대형매장의 인테리어 매뉴얼 CD와 도면을 지참했고 다룰 수 있는 프로그램도 많았다.

"이 매뉴얼 도면을 직접 만들었나요?"

"네."

"양도 무척 많고, 세부 도면까지 정말 잘된 매뉴얼인데 힘에 부치지는 않았나요?"

"하는 중에는 좀 힘들 때도 있었는데 처음부터 끝까지 직접 했습니다."

"음… 하지만 이 정도 프로젝트면 팀장급이나 선배사원이 같이 했을 텐데요?"

"네. 물론 대리 한 분과 다른 프로젝트와 함께 총괄하는 실장님이 계시긴 했지만 도면은 제가 다 쳤습니다."

"그러실 겁니다. 그럴 때는 그 매뉴얼 프로젝트에 참여했다고 하는 게 맞습니다. 도면 즉, 캐드(cad)작업은 오퍼레이트적인 성격의 일이니까요. 다른 선배들의 기획안이나 기존안의 개선점을 보완한 후속작업을 하신 셈인 거죠. 오히려 제가 궁금했던 건 누구의 아이디어였고, 기획이었냐 하는 것이죠."

지금껏 당당하고 자신감 넘쳤는데 잠시 주춤하는 기색이다.

"네…."

"저는 기본적으로 취업이란 게 회사가 직원을 뽑는 것이기도 하지만, 거꾸로 지원자가 회사를 선택하는 과정이기도 하다고 봅니다. 우리 회사에 관해서 혹은 대표인 제게 묻고 싶은 것이 있습니까? 무엇이든 상관없습니다."

"회사나 대표님 경력은 이미 좀 알아보고 와서….”

(역시 영민한 친구임은 분명하다.)

"연봉이 정확하게 얼마나 되는지 궁금합니다. 얼마 이상으로만 되어 있고, '협의사항'이라고 되어 있어서요."

(이전 직장의 연봉은 알고 있었다. 이력서에 기재되어 있었고 꽤 높은 금액이었다.)

"어느 정도면 만족하실까요?"

"많으면 많을수록 좋습니다."

"음… 그러면 이렇게 하면 어떨까요? 일단 연봉은 5천만 원(당시 내 연봉도 그렇지 못했다.)으로 하고 3개월 지나서 본인이 다시 책정한 금액으로 연봉을 확정하는 것으로 하시죠."

그녀의 눈이 휘둥그레졌다.

"정말이세요?"

"네. 정말입니다. 연봉이란 게 원래 본인의 능력과 회사 기여도에 비례한다고 봅니다. 그런데 지금까지 얘기를 나누다보니

○○씨는 스스로 본인의 능력을 높이 사는 듯싶고, 당연한 결과로 그에 상응하는 수익을 회사에 가져다 줄 거 아니겠습니까? 저는 대표로서 채용한다면 그만한 대우를 해야 된다고 생각합니다. 그리고 3개월 동안 충분히 증명해 주실 거라 믿습니다."
"……" (난감해 보인다.)
"그럼 더 여쭤보실 게 없으면 오늘 면접은 이렇게 끝내고 다음 면접까지 결심해 주시기 바랍니다."

결론적으로 그렇게 돌아간 그녀는 다음번 면접에 참석하지도 우리 직원의 전화도 받지 않았다.

세상에는 자신이 하는 일보다 더 많은 것을 바라고 실제로 누리는 사람들이 넘쳐난다. 그들은 무리를 이뤄 이권에만 집착하고 사욕을 채우는 데는 한마음 한뜻으로 뭉친다. 국록을 축내는 이들 중에도 흔치 않게 볼 수 있으니 더 문제다.

그러고 보니 어렸지만 그 친구는 너무도 양심적이었고, 현명한 친구였다. 지금쯤 어느 아이의 엄마가 되어 있을지, 이 분야의 프로가 되어 있을지 모르지만 분명히 제 몫은 충분히 하고 있으리라.

하이에나
01

  능력도 안 되는 사람을 뽑아 놓고 성공을 바라거나 혹은 재량 밖의 일인데도 해내라고 강요하는 것도 유권자라는 이름으로 저지르는 일종의 갑질성 폭력이다.

  청와대 청원이라는 도구를 통해 삼권분립과는 동떨어진 우격다짐을 하는 경우도 그러하다. 국민이 냉정해질 필요도 현명해져야 하는 이유도 여기에 있다.

  예컨대, 간악한 정치인들은 국민의 우매하거나 감상적인 약점을 노린다. 어떠한 명백한 증거와 사실 앞에서도 견고하게 부패권력을 옹호하는 일부 국민들과 상식적으로 이해되지 않는 지나간 독재 권력에 대한 향수를 그리워하는 일부 어르신들의 심리가 그렇다.

항상 손가락질하고 한심해하는 눈길만 보냈을 뿐, 정작 빼앗기고 못 가진 계층이 가진 자들의 기득권을 위해 피켓을 들고 거리에 나서는 심리를 이해하려는 노력은 부족하지 않았나하는 반성을 해본다.

그분들이 지나온 시대에 대한 상실감, 보상심리, 현 세대를 보고 느끼는 박탈감, 서운함이 뒤섞여 지금 어디에 서 있는지, 왜 이러고 있는지 망각해 버린 것은 아닐까 하는 뒤늦은 복기를 하고 있는 중이다. 실은 그분들이야말로 내 미래의 자화상이고, 안고 가야 할 상처다.

현란한 세치 혀 놀림으로 국민을 속여 넘겼다 기뻐하고 세상을 다가진 듯한 포만감에 잠들었을 또는 이제껏 그래도 잘 속여 왔는데 이번만은 안 넘어가서 속상해하며 잠 못 들고 뒤척이는 그들은 같은 무리의 하이에나 족속이다.

언제고 우리가 어리석은 판단을 하거나 경계를 게을리하면 달려들어 물어뜯을 준비가 된 자들이다. 그렇게 우리의 살점을 나눌 때면 서로 으르렁거리거나 영역다툼을 하지 않는다. 그들이 뱃속을 채우거나, 무리를 늘리거나, 영역을 넓히는 따위의 문제에 있어 얼마나 서로를 끔찍이 위하고 한 종족임을 과시하는지 지켜보지 않았는가.

  정작 우리가 보듬고 위로해야 할 사람들은 자식과 등지고 오늘도 피켓을 들고 거리에 나서는 우리 아버지 어머니다. 그분들이야말로 제 살점이 뜯기는 줄도 모르고 하이에나의 울음에 현혹되어 있는 거다.

  사람, 국민, 우리를 명확히 구분하는 지혜를 가졌으면 하는 바람이 간절하다. 어쩔 수 없이 키워야 함에도 그들은 영원히 길들여지지 않을 야생의 하이에나다. 결코 나를 지켜 줄 충직한 개는 될 수 없다는 평범하고도 오래된 진리를 잊지 않았으면 한다.

하이에나
02

 우리가 농으로 나이를 얘기할 때 가장 흔하게 쓰는 말이 "58년 개띠"다.

 자주 보는 '58년 개띠'생 선배 말을 빌면 당시 한국전 후 베이비붐을 이룬 탓에 배고픔과 가난을 경험하고, 독재와 민주항쟁의 청년기를 지나면서 동기간에도 심한 경쟁을 해야 했으며, 정작 대우 받아야 할 아버지가 되어서는 존중조차 받지 못하는 세태를 견뎌야 하는 '낀 세대', '불쌍한 세대'라고 했다.

 덧붙여 그런 환경과 시대상이 근검절약을 몸에 배게 했고, '잡초 같은 근성'을 가질 수밖에 없게 했다고 말한다.

나는 그때 '잡초'와 '근성'이란 단어가 뇌리에 박혔다.

무한경쟁 속에 살아남기 위해 길러진 '잡초 같은 근성' 말이다.

내가 자랄 때 지금은 도심에서 볼 수 없게 돼버린 제비가 시골 고향에서는 흔했다. 지붕 처마 밑에 둥지를 틀고 새끼를 키웠는데 나갔던 어미가 먹이를 물고 오면 새끼들은 노란 주둥이를 찢어져라 벌리고 받아먹었다.

형제들이 한두 마리가 아니다 보니 어떤 순서로 빠진 놈 없이 챙겨 먹이는지 어린 나는 궁금했다. 가끔은 새끼가 둥지에서 떨어져 주워 올리기도 했다.

한참 세월이 흐르고 청년이 다 되어서야 어미 새가 모든 새끼들을 다 챙기지 않는다는 것과 가끔 둥지에서 떨어진 새끼가 제 실수가 아닌 형제들과의 생존경쟁에서 밀려 낙오된 것일 수도 있다는 사실을 알게 됐다.

그때 보았던 제비의 생태가 그러한지는 모르겠으나, 그보다 더 야생에서 사는 백로는 알에서 깨면서부터 형제간에 그 같은 피비린내 나는 경쟁을 시작해서 서로 밀쳐 떨어뜨리거나, 약한 놈부터 어미에게 먹이를 받아먹지 못하게 해서 굶겨 죽인다.

그저 어미는 지켜볼 뿐이다.

사실 혼자 독립해서 살아남지 못할 새끼를 미리 도태시키는 것은 지금껏 야생에서 살아남은 어미 백로에게 선택이 아닌 필수인지도 모른다.

살벌한 생태계의 냉엄함을 몸소 체험했기 때문이리라.

이보다 더한 예를 포유류에서도 본다. 하이에나는 보통 두 마리의 새끼를 낳는다고 한다. 나면서부터 예리한 송곳니를 지니고 태어난 형제는 서로를 물어 죽일 기회만 엿보다 마침내 한 놈을 물어 죽인다. 어미는 살아남은 그 한 마리만 기꺼이 거둔다.

인간도 동물이다.

우리의 그리고 나의 아이들 역시, 야생만큼 치열한 경쟁과 생존력이 요구되는 인간 생태계와 먹이사슬 속에 던져지기는 매한가지다.

동물 중에서도 제 몸 하나 못 가누는 가장 미흡한 상태로 태어나 독립하기 전까지 가장 오랜 세월을 어미에게 의존하는 나약한 동물이다. 그래도 자연적으로 갖춰진 변변한 무기 하나 없이 지구상에서 모든 동식물을 지배하며 생존했다.

모르긴 해도 이전 인류의 조상들은 지금의 유약한 현대인보다 더 강한 근육과 예민한 감각을 지녔으리라.

그리 멀리까지 가지 않아도 된다. 내 아버지는 10남매였다. 원래 2명이 더 있었는데 어릴 때 죽었다고 덤덤히 말씀하셨다.

지금보다는 취약한 의료 수준과 빈약한 영양상태로 그리 되었음을 미뤄 짐작할 수 있다.

마치 둥지에서 떨어지거나 먹이경쟁에서 밀려난 새끼 새와 다를 바가 없지 않은가.

다만 형제의 손에 의한 것이 아닌 다른 외부 요인에 의한 도태라는 사실만 다를 뿐이다.

그렇다면, 지금의 아이들이 이전 세대보다 신체는 더 커졌지만 쭉정이처럼 유약하고 단단하지 못한 것은 이런 연유 때문이 아닐까.

기껏해야 한 둘을 낳으니 먹을 것을 두고 다퉈야 할 여러 형제도 없고, 눈부신 경제성장으로 이룬 풍요 속에 태어났으니 '58년 개띠'처럼 배고픔과 가난을 경험할 수도 없다.

심지어 초등학교를 줄여야 할 지경에 이른다고 하니 동기간의 치열한 경쟁으로 '근성'을 기를 기회마저 박탈당한 세대.

나는 다음 세대를 걱정한다. 마음이 무거운 요즘이다.

글쓰기의 불편함

요즘 들어 서점에서 부쩍 '글쓰기'에 관련된 책이나 글들을 많이 보게 된다. 가히 '인문학' 열풍이 '글쓰기'로 옮겨 붙은 양상이다.

글쓰기의 정석이나 이론 심지어 비법이 실제 존재한다면 이는 내 고교시절 지금의 컴퓨터 게임에 버금가는 인기를 누렸던 무협지의 클라이맥스, 깊은 동굴 최악의 상황에 내몰린 주인공이 '비급'을 찾은 것이니 이를 익힌 자는 무림을 평정하듯 문학계를 휩쓸어야 마땅한 것 아닐까?

"쿨하고 시크한, 관념적이기만 한 글에 넌더리가 나서…."

최근 책을 낸 현직 시내버스 기사가 모 일간지와 인터뷰에서 밝힌 책을 쓴 이유다.

'글쓰기'가 마치 초등학교 시절 '받아쓰기'처럼 점수가 매겨지고 '참 잘했어요' 도장이 찍히거나 틀린 수만큼 손바닥을 맞아야 하는 학교 정규과목은 아닐 텐데….

인문계도 아닌 자연계 출신에 여태껏 글쓰기 수업은커녕 '인문학'의 정의조차 헷갈려하는 나로서는 '글·쓰·기'라는 낱말을 대할 때마다 밥상에 오른 가시 많은 생선 대하듯 껄끄럽다. 가끔씩은 미처 발라내지 못한 가시를 삼켜 목구멍 안에서 따끔거리는 듯싶기도 하다.

그냥 크레파스를 처음 쥔 아이들이 마음껏 낙서하듯 내버려두면 어때서 이것마저 가르치려 드는 걸까? 설사 그런 의도가 아니라도 서점이나 sns를 횡행하는 '글쓰기' 관련 책이나 글들은 나 같은 일반인의 글쓰기를 오히려 조심스럽게 만들고 움츠려들게 하는 것만은 분명하다.

책 한 권 안 읽은 무지렁이면 어떻고, 글을 모르면 어떤가?

문맥이 안 맞더라도, 대필시키더라도 그저 세상에 대고 말할 수 있으면 된다. 세상에 넘쳐나는 많은 글들이 그렇다. 언제나 다독거리고, 챙기는 척, 실은 내려다보는 품이 오만하다. 세상사를 꿰뚫고 생사를 초월한 듯 몸에서 향기가 날 것만 같다.

누구에게는 하루하루가 투쟁이고 지옥일 텐데 언제쯤 구름 위에서 내려올까? 화장실은 가겠지. 부디 아무나 누구나 편하게 글 좀 쓰게 내버려뒀으면 좋겠다.

화장실 벽 낙서도 촌철살인이고 큰 깨달음일 때가 있다.

거짓말

이 나라의 몇 되지 않는 어른 중의 한 분이시자 존경받는 성직자셨던 고 김수환 추기경에게는 이런 일화가 있습니다.

추기경이 여러 나라의 말을 잘 구사한다는 소문이 있어 기자들이 물었습니다.

"추기경님은 여러 나라 말을 다 잘 하신다고 들었는데 어느 말을 가장 잘 하십니까?"

추기경은 즉석에서 이렇게 대답했습니다.

"내가 가장 잘 하는 말? 내가 가장 잘 하는 말은 거짓말이지."

맑은 계곡물이 얼었다 풀리는 날 쨍하고 갈라지는 얼음처럼 맑고 깨끗한 울림입니다.
우리 곁을 떠나신 큰 어른들이 그립고, 그분들의 해학과 낭만이 피어오르는 날입니다.

세상에 나서는 지점

　이번에 대학에 입학한 딸아이가 제 용돈과 통신비는 스스로 해결하겠다고 아르바이트 자리를 구하는 모습을 한동안 지켜봤다. 내심 기특하기도 하고, 정작 학업에는 소홀할까 한편 걱정도 숨기면서 그 과정을 지켜봤다.

　'학원 강사보조'
　'편의점 캐셔'
　'치킨집 서빙'

'놀이방 보조교사' 등등.

"이런 건 어때?"
"여기는 어떨까?"

엄마와 오가는 이런 대화 중간에 속물근성이 밴 내가 끼어들어 물어보는 건 늘 똑같다.

"거긴 시급이 얼마야?"

돌아오는 대답 역시

"최저지. 아빠는⋯." 또는 "7,600원이지"로 변함이 없었다.

천금 같은 내 새끼, 눈이 아리도록 예쁘기만 한 고것이 시급 7,530원으로 세상에 나선다.

앙꼬빵과
페스츄리

찜질방 가는 길에 봐뒀지만 매번 지나치기만 하던 그 빵가게에 기어이 들렀다. 빵이라면 '앙꼬빵'을 최고로 치는데다, 식당이건 빵가게건 메뉴 많은 데는 피하고 신뢰를 하지 않는 내게 '○○○단팥빵'이란 가게이름부터가 엄청난 유혹이고 손짓이었다.

가게에 들어서니 우선 몇 가지 안 되는 단출한 구색이 무한신뢰를 갖게 했다. 소보로빵 두 개와 단팥빵 열 개를 싼 비닐봉지를 들고 조수석에 올라탔다.

"페스츄리는 없었어?"

아내가 묻는다.

"없던데."

 진짜 없었다. 깜빡하고 잊은 건 결코 아니라는 결백이 전해지길 바랐다.
 언제나 그렇듯 반으로 쪼개 앙꼬 양을 확인하고 베어 물었다. 역시 탁월한 식감이었다. 진짜 맛나다. 바로 이 맛이다.
 살짝 진한 듯싶은 겉면에 포들한 빵의 감촉도 합격점이었거니와 무엇보다 빵맛을 좌우하는 앙꼬의 달지 않으면서 끈적이지 않는 적당한 수분함량이 가히 일품이다.

"당신은 오래된 사람 같아. 단팥빵 좋아하는 거 보면…."

아내도 맛있다며 한마디 거든다.

 오래된 사람 = 단팥빵
 누구나 고개를 끄덕일만한 이 등식을 진작 왜 몰랐을까. 단팥빵은 말하자면 한국 빵의 원조격이 아닐까 싶다. 굳이 경주의 황남빵을 들먹이지 않더라도 지극히 간단한 재료와 단순한 제조과정, 명료한 맛까지 원조로서 갖춰야 할 덕목은 모두 갖춘 듯해 보인다.

서양의 빵이 일본으로 전해져 효모대신 누룩으로 발효시키고 팥소를 더한 것이 기원이라는데, 마치 천안 '호두과자'가 일본 제빵기술에 현지 특산물인 호두가 더해지고 팥소(오리지널은 흰팥이다.)를 넣은 것과 비슷한 형성과정을 보이는 것이 흥미롭다.

나는 단팥빵이 좋다. 그 단순함과 소박미가 좋다. 하지만 단순함에 담긴 맛의 내공은 결코 얕지 않음을 안다. 그래서 그 제조법이 이미 널리 알려져 있음에도 누구나 쉽게 따라 할 수 없는, 설사 따라 해도 그 진정한 맛을 내기 힘든 앙꼬빵을 좋아한다.

아내는 '페스츄리'를 좋아한다. 흡사 '공기 반, 빵 반'으로 만든 것 같은 그 페스츄리를 좋아한다.

층층이 여러 겹으로 이뤄진 공갈 속을 좋아하고, 번지르하니 드러내놓고 유혹하는 그 겉면에 마음을 뺏긴다. 하물며 겉부터 속까지 달달한 그 맛이라니….

아무튼 우리 집에는 앙꼬빵을 좋아하는 '오래된 남자'와 페스츄리를 사랑하는 '오래되길 거부하는 여자'가 함께 산다.

설거지

설거지를 하려다
음식물 쓰레기 봉투를 터뜨렸다.
역겨운 냄새와 미끄덩한 감촉.

어떻게 한결같이
사람 몸을 거쳐 간 것들은
이다지도 추하고 더러울까.

음식물 쓰레기… 똥… 그리고 말.

이카로스들의 세상

페르시아 카펫 장인들은 아름다운 문양으로 섬세하게 짠 카펫에 의도적으로 작은 흠집을 하나 남겨 놓습니다.

그것을 "페르시아의 흠"이라고 부른답니다.

게다가 그들은 완성한 카펫을 가게 앞길에 깔아놓고 행인들이 밟고 지나가게 한다지요.

밟을수록 선명한 색상이 나타나서랍니다.

아마존의 어느 인디언 부족은 모두 구슬 목걸이를 하고 다닌답니다. 그런데 40여 개의 구슬 중에서 유독 하나가 깨어져 있습니다. 성한 구슬 가운데 깨진 구슬 하나를 꿰어 목걸이를 완성하는 것이죠.

그것을 "영혼의 구슬"이라 부른답니다.

아마존 부족 그들에게서 페르시아 카펫 장인을 만납니다. 그렇게 깨진 구슬을 통해 카펫의 흠집을 봅니다. 무결점의 완벽한 인간이 되려는 것은 하늘 높이 올라가려다 죽은 이카로스처럼 어리석은 인간의 자만입니다.

살아보면 우리는 완벽해 보이는 사람보다 어딘가가 부족한 듯 보이고 허술한 빈틈이 있는 사람에게 인간미와 매력을 느끼게 됩니다. 그렇게 맺어진 인간관계는 웬만한 우여곡절에도 쉬이 금이 가지 않습니다. 그들 사이에 빈틈이 있기 때문이지요.

바람이 끊이지 않는 제주도의 돌담은 여간한 태풍에도 무너지지 않는다고 합니다. 돌들이 울퉁불퉁하다 보니 돌과 돌 사이를 메울 수 없어서 그 틈새로 바람이 지나가기 때문입니다.

인간관계도 마찬가지입니다. 원래부터 흠결이 있어 다르게 생겼으니 그렇게 쌓은 둘 사이에 작은 빈틈이 있어야 오래가고 쉬이 무너지지 않습니다.

내 흠결을 인정하고 남의 그것을 받아들여서 서로를 보듬는 것이 사람 사는 세상, 살만한 세상을 만드는 비결이 아닐까요?

사치와 허영

사치와 허영은 윤활유 같은 거다.

이 둘을 누릴 수 없다면 혹은 그런 기대마저 없다면 삶은 언제나 팍팍하고 건조한 사막과 같다. 심지어 사막의 배두인조차도 일 년에 한 번 내릴까 말까한 비를 맞이하는 기쁨과 바람으로 살지, 오아시스 곁을 떠나지 못하고 매여 사는 삶을 택하진 않을 거다.

문제는 사치와 허영이 혐오감을 불러일으킬 때다. 자신이 누리는 이 단비가 다른 이에게 뿌려진 염산처럼 좌절과 분노의 쓰라림으로 변질된 것이 혐오라는 감정이다.

시샘과 혐오는 사치와 허영을 누리는 어떤 마음가짐이냐에 따라 종이 한 장 차이로 그 모습을 달리하는 감정이다.

누리고 즐기는 이가 감사한 마음을 가지고 있다면 다른 이에게는 시샘으로 발현되고, 과시하거나 비교하려는 마음을 갖는다면 혐오감을 불러일으키기 마련이다.

시샘과 혐오는 거름과 오물처럼 드러난 양상은 비슷해 보일지라도 긍정과 부정, 유용과 무용이라는 전혀 다른 감정이다. 자신의 숨겨진 속내를 어떻게 알겠냐 싶겠지만 사람이란 다 거기서 거기라서 기막히게 이 미묘한 차이를 잡아낸다.

다시 말하지만, 사람은 다 거기서 거기다. 자신만 알 것 같지만 다른 사람도 알게 마련이고, 남이 모를 거라 믿고 싶겠지만 실은 자기 스스로를 속이고 있을 뿐이다.

내게 있어 최근의 사치와 허영은 2년 전 우리 네 식구가 떠난 21일간의 북유럽 자동차 여행이었고(난민 수준이었지만), 작년 대입 실기시험을 앞두고 공황상태에 빠진 딸에게 한 달간 엄마와 함께 지낼 아뜨리에 같은 쉐어하우스를 얻어준 거다. (그 당시 재정적으로나 육체적으로 무척 힘들었다. 비싼 임대료와 아들과 단 둘이 하는 살림을 꾸려야 했으므로….)

그래도, 그렇더라도 아이를 출산한 엄마가 출산의 고통을 잊기에 다시 새 생명을 잉태하듯, 나는 짧은 즐거움이 끝나면 지난하고 고단한 시간이 기다리는 걸 어느새 잊어버렸고, 다시 사치와 허영을 부릴 그날이 오기를 학수고대하고 있다.

몰두와 골몰

 '몰두'와 '골몰'은 얼핏 비슷해 보이는 글꼴만큼이나 쓰임새도 헷갈리는 낱말이다. 참고로 나는 국문학 전공도 아닐 뿐더러 사전적 의미를 얘기하고자 함이 아니다.

 그런데 곰곰 생각해보니 일란성 쌍생아도 전혀 다른 인격을 갖고 있듯 이 두 낱말은 근원에서부터 쓰임새까지 다르다. '몰두'에는 스스로, 원해서, 기꺼이, 대가 없이, 즐기는, 좋아하는 등의 함의를 가지고 있고, '골몰'에는 상황에 따라, 원하든 원하지 않든, 해결해야만 하는, 절실한, 피하고 싶은 등의 다른 함의를 지니고 있다.

그 쓰임새에 있어서도 '몰두'는 집중하고 파고드는 집요함이 있지만 충분히 자의적이고 타인에게 부담을 주지 않는 긍정적인 경우에 쓰인다.

예를 들어 '아이가 선물로 받은 장난감에 몰두해서 엄마가 부르는 소리도 듣지 못 한다'와 같다.

'골몰'은 '몰두'에 비해 집요함은 비슷하지만 외부 요인에 따른 경향을 보이고 다소 어두운 그림자가 드리운다.

예를 든다면 '나는 아직 제출하지 못한 기안서 작성에 골몰하고 있다'의 경우다.

이렇듯 세상에는 굳이 국어사전을 찾지 않아도 이제껏 써오거나 들어온 경험만으로도 분별이 가능한 말과 행동이 비일비재하다. 심지어 어투의 변화만으로도 가능하다. 그래서 세상은 묘하고도 묘하다고 했던가.

혹자는 별 시덥지 않은 이런 주제에 몰두하는 내게 "잘 한다"라고 할 것이고, 또 다른 혹자는 같은 주제에 골몰하는 내게 "자~ㄹ 한다"라고 할 것이기 때문이다.

쉽지 않다

"그러게요. 쉽지가 않습니다."

안지 오래되지는 않았지만, 볼 때마다 온후한 인상과 진지한 성품이 존경스러운 분이다. 정기적으로 가지는 아침모임인데 오늘따라 이러저러한 사정으로 다른 멤버들이 빠져서 처음으로 단 둘이 마주 앉았다. 이런 저런 얘기 끝에 몇 달 전부터 익히 알고 있던 일이고, 날짜인지라 며칠 안 남았기에 여쭸더니 아니나 다를까 아직 결정되지 않은 모양이다.

"수술 날짜도 부득이 미루게 될 것 같습니다."
"그러시군요. 조카분이 많이 실망하고 불안해 하시겠습니다."
"그렇겠죠. 그런데 달리 도리가 있어야죠. 요지부동이니…. 아내가 동의서를 써주지 않으면 절차를 밟지 못해 미룰 수밖에요."

나보다 예닐곱 살 위인 그분은 형제 많은 집 막내다 보니 동년배의 조카딸이 있다고 했다. 남다른 친밀감을 느끼며 컸던 모양인데 그 조카딸이 신부전증을 앓다 얼마 전 콩팥이식을 받아야 할 만큼 심각해진 상태인 걸 알게 됐단다. 혹시나 하는 마음으로 자진해서 검사를 받았는데 다행인지 불행인지 적합판정이 나왔다.

선뜻 신장을 내어주겠다 했는데 아내분 설득이 안 되는 모양이다. 보호자의 동의가 필수라고 하는데 완강히 반대를 하니 난감한 상황이란다.

항상 조용하고 상대방의 얘기에 귀를 기울이는데 드물게 입을 열면 부드럽고 편안한 목소리로 상대의 마음을 움직이게 하는 설득력을 지닌 그분에게도 이번 일은 여간 어려운 일이 아닌 모양이다.

그분이 포기하지 않을 것은 분명해 보이는데, 그분 아내 또한 쉽사리 물러서지 않을 것 같다.

그분도, 그분 아내 입장도 이해가 되기에 들어주는 일 외엔 달리 뭐라 위로할 말도 떠오르지 않았다. 그렇게 다음번 모임을 기약하며 두 시간여 만에 헤어졌다.

커피숍을 나서니 이른 아침부터 내리던 비가 그쳤다.

두 분에게 내리는 비도 이렇게 그쳤으면 하면 바람으로 출근한 하루였다.

쉽고도 어려운 일

당신에겐 세상에서 가장 쉽고도 어려운 일이 무엇입니까?

오래전에 이런 물음을 스스로에게 해 본 적이 있습니다. 제가 찾은 대답은 '인정한다는 것'입니다.

사소한 잘못이라도 인정하거나 모른다고 말하는 것이 참 쉬워 보이는데도 어려운 일입니다. 내 잘못보다도 상대의 잘못이 커 보였고, 모른다고 하면 무시당할까 봐 겁이 났었나 봅니다.

다행히 취직을 하고 책상머리에서 서류만 뒤적거리는 일을 하는 게 아니어서 현장에서 부딪치는 일들이 생소하고 학교에서는 배울 수 없는 실전이다 보니 '모르겠습니다'란 말을 먼저 배우게 됐습니다.

　아는 척하거나 그대로 지나치면 어느 누구도 가르쳐주지 않는다는 걸 깨닫게 된 건 지금 생각해봐도 다행입니다. 그렇게 매일같이 양복 입은 노가다 조수를 자처했던 사회초년병 시절이 있었기에 남들보다는 조금은 일찍 진급하고, 사업도 먼저 시작하게 된 건지도 모른다는 생각을 합니다. 기꺼이 마음을 열고 받아준 분들이 있어 백면서생에서 제대로인 프로페셔널로 다듬어졌습니다. 목공, 도장, 전기, 금속, 그렇게 몸으로, 세월로 체득한 소중한 자산을 기꺼이 내어준 그분들이 제겐 선배고 스승이었습니다.

　세 사람이 걸어가고 있어도 그 중 한 사람이 스승이 된다고 합니다. 제가 생각하기엔 두 사람이 걸어가도 서로가 서로에게 스승이 될 수 있고, 혼자 있어도 골몰하면 무언가 깨닫게 되기 마련입니다.

　오히려 모른다고 인정하는 것보다 어려운 건 잘못했다고 인정하는 것입니다. 변명을 먼저 배웠고, 보다 쉽다는 걸 알게 됐기 때문이기도 하지만 그보다는 상대의 잘못이, 결점이 더 커 보이고 먼저 보였기 때문이 아닌가 싶습니다. 어떤 때는 그렇게 순간을 넘기는 제 자신이 자랑스러웠던 적도 있었지요. 그럴 때마다 늘 찌꺼기가 내려앉았고 뭔가 꺼림칙한 기분에 개운하지 않았습니다.

그래서 먼저 '잘못했다'라고 말하려고 노력해야 했습니다. 이건 연습이 필요했습니다. 왜냐하면 대개 '모른다'고 말할 때는 너그럽던 상대의 눈빛이 제가 '잘못했다'고 인정하면 더 사나워지는 걸 느꼈기 때문입니다. 억울한 때도 있었습니다.

그런데 차츰 좋은 점을 알게 됐습니다. 제가 잘못한 것을 먼저 인정하고 얘기를 시작하면 제 주장에 한결 힘이 붙고, 설득력이 생긴다는 걸 알게 된 겁니다. 특히나 여럿이 함께하는 일에 있어서는 이런 장점이 더 도드라진다는 사실도 깨닫게 됐습니다. 무엇보다 화장실에서 뒤처리를 제대로 못하고 나온 그 찜찜함이 없으니 날아갈 것만 같았습니다.

우리가 살아가는 세상이 이렇듯 쉽고 단순한 몇 가지만 지키는 것으로도 성공할 수 있고 행복할 수 있었으면 좋겠습니다.

| 별 걱정을
| 다

97년 청바지에 티셔츠, 배낭 하나 둘러메고 열흘 넘게 유럽을 쏘다녔다. 명색이 신혼여행이었는데 항공권과 유로패스만 끊어 떠났다. 매일 매일이 국경을 넘나드는 기차 침대칸과 대합실 벤치에서 잠을 청하는 날들의 연속이었다. 이윽고 귀국일이 다가오자 늙은(?) 색시는 단 하루만이라도 편히 잠을 청하고 싶다고 했고, 더 늙은(?) 신랑은 민박으로 생색을 냈다. 스위스에서였다.

펍(Pub)에서 저녁 밥값 줄이겠다고 1인분만 시킨 '스테이크(엄청 컸다.)'를 나눠먹고, 그마저도 몇 조각을 남겨서 다음 날 아침

식사용으로 싸들고 찾은 민박이었다. 민박 주인 할머니는 행색만으로는 막 결혼했다고 상상하지 못했을 텐데도 아마 당신 딸(있었다면)이 썼을 것만 같은 예쁜 옷장이 놓인 2층 방을 내어줬다.

살면서 기절이라는 걸 처음으로 경험한 것도 융프라우에 올랐을 때다.

우리 둘은 정상 전망대 매점에서 '신라면'을 발견하고 너무 기뻤다. 그렇게 애국심 반, 호기심 반으로 그 컵라면을 사서 먹으려던 참이었다. 면을 듬뿍 집어 들고 막 먹으려던 참이었는데….

이후로 기억이 없었다. 아내는 면발을 입에 문 채 테이블에 그대로 엎드려 잠든 내가 신기해서 깰 때까지 지켜보기만 했단다. 아마 고산병 증세와 피로가 몰려들어서일 텐데, 특이한 경험이었다. 그것이 결혼 전에는 단 하루도 한데서 잠을 자보지 않았다는 곱게 자란 아내와 비박, 야생이야말로 참된 묘미라며 '패키지 여행'이라면 질색하는 상머스마인 내가 함께 떠난 첫 해외여행이자, 배낭여행이었다.

아무튼 그랬던 우리는 20년이 지나고도 아이 둘과 이런 식의 여행을 감행했다. 무거운 배낭 덕에 없던 허리디스크가 생겨 고생했던 터키여행이 그랬고, 신·구시가지를 오가며 새벽마다 그곳 주민처럼 동네빵집에 줄을 섰던 스페인 여행, 그리고 20일간 거의 2만 km를 주파하며 캠핑장만 섭렵했던 북유럽 자동차 여행이 모두 그랬다.

하지만 나와 우리 가족의 여행타입이 이렇다고 남들에게, 다른 가족에게 권한 적도 없거니와 최선이라 말할 수도 없다. 다만 어떤 식으로건 가까운 이와 경험을 공유하는 것만큼 멋지고 값진 일은 없고, 가장 좋은 방법 중에 하나는 여행이라고 말할 수는 있다.

이런 생각을 하게 된 건 어느 일간지 기자가 가족과 함께 떠난 유럽여행에서 만난 많은 한국인들, 특히 청춘 남녀들의 예전 같지 않은 소비형 여행 스타일을 지적하며 최근의 워라밸(work and life balance 일과 여가의 균형을 중시하는 경향), 욜로(You Only Live Once 한 번뿐인 인생 즐기자) 열풍과 연관 지어 쓴 기사를 읽고 나서다. 대체 이 기사에서 그는 무엇을 말하려 하고, 진정 무엇을 염려하는지 알 수가 없었다.

"해외여행 확대로 인한 외화 유출?"
"젊은 층의 과소비 문화?"
"생산성 향상이 수반되지 않는 근로시간 단축?"
"정부의 잘못된 근로정책?"

내 생각으로는 걱정하지 않아도 된다. 며칠간인지 모르겠지만 이 기사를 쓴 기자가 떠난 가족여행 경비의 절반도 안 들이고 여행을 다니는 내 경험상 "당신 생각일 뿐"이라고 말할 수 있다.

젊은이들도 "욜로 인생관으로 워라밸 가치관을 지키는 인생"을 살려면 그에 따른 노동으로 돈을 벌어야 한다는 생각쯤은 하고 산다.

더구나 여행을 즐기는 청춘이라면 그렇게 믿어도 된다.

클럽에서 약에 취해 흔들거리는 재벌 3세나 최고급 외제 스포츠카를 굴리는 고위층 자제들은 맛집 찾고, 특색 있는 호텔 전전하는 고단한 여행을 즐겨 하지 않는다.

아버지한테 맛집 프랜차이즈 차려달라고 해서 골목 상권 장악하고, 으리으리한 호텔 지어서 애인과 최상층 스위트룸에 묵거나 요트를 즐기기 마련이다.

발로 느끼는 값싼 배낭여행이든, 연봉을 다 쓰는 럭셔리여행이든 정당하게 벌어 제 인생 즐기는 젊은이들을 걱정하기보다는 무위도식해도 호화로운 생활이 보장되는 상류층 자제들의 행태를 지적하고 그들의 비양심적인 부의 세습을 고발해라.

괜히 선배세대에 끼치는 '누'를 빌어 '꼰대'짓 할 요량이라면 너무 속보인다.

포레스트 검프
Forrest Gump

　지금처럼 TV채널이 다양했던 적이 언제부터였나 지난 기억을 되짚어보면 그리 멀지는 않더군요. 누가 제게 공중파 3사만 있던 그 시절보다 수없이 다양하고 많은 채널이 있는 지금이 더 나은 이유를 묻는다면 일부러 찾지는 않았을 잊었던 명화나 역사적 장면을 볼 기회가 자주 주어져서라고 말할 겁니다.

　수차례 TV는 물론이고, 영화관에서만 두 번은 봤음직한 포레스트 검프를 다시 봤습니다. 언제 봐도 참 따뜻한 영화입니다. 세월을 더하니 오래된 포도주처럼 그 향이 오래갑니다.

오래전 얘기입니다만, 2주에 한 번꼴로 괌으로 출장을 다니던 시절이 있었습니다. 일본처럼 짧지도 유럽처럼 길지도 않은 애매하게 짧은 비행시간을 보낼 소일거리와 2시간 30분이면 섬 전체를 일주할 수 있는 그곳에서 무료함을 달랠 무언가가 필요했습니다.

그래서 출장 갈 때마다 신간으로 챙겨갔던 책이 연재 중이던 "신의 물방울"이란 일본 만화였습니다. 그 책에서 표현하는 무궁무진하고 천상의 맛을 안겨 줄 것만 같은 포도주 맛과 향이 이런 게 아닐까 생각해 봅니다.

그 해 쾌적한 기후가 키운 최고의 재료와 장인의 정성이 빚어낸 와인의 그 무엇처럼 좋은 영화에도 잊히지 않는 맛과 향이 납니다. 영화에는 앞으로도 곱씹어야 할 주옥같은 대사들이 있습니다만, 이번에는 이 대사의 향이 강렬했습니다.

My mama always said, "you got to put the past behind you before you can move on." (엄마는 항상 말씀하셨죠, "새로운 일을 시작하기 전에 과거는 너의 뒤로 넘겨두렴.")

실제 자막에서는 "새로운 일을 하기 위해서는 과거 일을 잊어야 한단다"였던 것으로 기억합니다. 이것이 검프가 달리기를 하는 이유이기도 했었죠.

과연 과거는 잊어야 하는지 궁금해졌습니다. 그래서 원문을 찾아보니 실마리가 풀리는 듯싶었습니다. 영어는 젬병이지만 직접적으로 잊으라(forget) 하지 않고, 페이지를 넘기듯 뒤에 남겨두라고 한 이유가 여기 있어 보입니다.

저는 이제껏 살면서 요즘처럼 내 나라 한국이 국제외교무대에서 주인공으로 리드하는 경우를 본 적이 없습니다. 또한, 꽉 막혔던 하수관을 뚫듯 묵은 과거사를 후비고 들춰서 정리하려는 시도가 진정이라고 느낀 적도 없습니다. 전자는 희망과 미래를 보여줍니다만, 후자는 오점과 과거입니다.

나라의 역사도 사람이 살아온 흔적에 다름 아닌 바에야 인생사도 매한가지 아니겠습니까.

젊은 날 강렬했던 첫사랑의 기억도, 되돌릴 수 없는 뼈아픈 실수도 추억으로, 경험이 되게 단단히 매듭을 지어야 다시 사랑이 찾아오고 다시 또 후회하는 실수를 되풀이하지 않습니다.

상처는 덮는다고 자연스럽게 나아지지 않습니다. 오히려 썩고 곪기 마련입니다. 한국 근대사를 관통하며 곪고 생채기 난 상처들이 있습니다. 누구는 들춰서 좋을 게 뭐 있냐고 하지만, 들추지 않으면 그 안에 곪은 상처가 덧나는 걸 어쩌겠습니까. 그대로 두었다간 사지를 절단해야 할지도 모릅니다. 다시는 뛰지 못하게 될 겁니다.

그래서 포레스트 검프는 뛰었을 겁니다. 그렇게 내 안에서 지나간 시간을, 과거를 정리하려고, 제대로 잊으려고 끊임없이 뛴 걸 겁니다. 엄마가 굳이 잊으라는 표현 대신 뒤에 남겨두라는 표현을 한 것도 어쩌면 책장 페이지를 넘기듯 이전에 읽은 그 무엇을 잊지는 말고 다음 장으로 넘기라는 의미라고 믿습니다.

TV를 보다가
01

세상에서 가장 건강한 커플을 본다.

호흡기 없이는 잠들지 못하는 진행성 근육병을 앓는 꼽슬과 그런 남친을 지켜주겠다고 다짐하는 빙구의 조용하고 단단한 연애 이야기다.

가슴 한 조각쯤은 쉽사리 잘라내고 뇌 한켠은 비우고 살아가는 진짜 장애인들의 세상에 정상으로 남은 이 두 사람. '꼽슬과 빙구.'

"괜찮아. 괜찮아. 지금은 아무 일도 일어나지 않았잖아."

이보다 애절하고 따뜻한 사랑의 속삭임을 들어본 적이 있었던가.

그냥 예쁘다.

예쁘기만 하다. 예쁘게만 볼 거다.

TV를 보다가
02

섬 햇살처럼 청량하고 맑다. 그녀의 환한 웃음은 언제나 그랬다. 정장은 왠지 어울리지 않을, 쪼리에 벙거지면 딱인 친구다. 그래서 한 번쯤은 맘 놓고 장난을 걸어도 괜찮을 것 같다.

이효리와 이상순 얘기다.

이리저리 돌리던 채널 끝에 달린 '마지막회'라는 문구 덕에 〈효리네 민박2〉를 보게 됐다. 이전에도 띄엄띄엄 보곤 했지만, 작정하고 본 적이 없으니 '다시보기'의 수고로움을 감내하는 팬심 또한 당연히 없는 나다. 이면을 알 길 없는 연예인들이니 잘 알 수야 없지만, 그래도 눈에 반달이 뜨고, 잇몸이 피는 그녀의 웃음은 누구라도 기분을 좋게 한다. 언제나 낮은 톤으로 무심한 듯 툭툭 뱉는 말 한마디, 썰렁한 농담에 정이 묻어나는 소도시 백수 같은 이상순을 보고 있자면 늦은 오후 서향 햇살을 받는 것처럼 나른해진다.

이효리는 아버지가 오랫동안 이발관을 했다지. 이상순은 시골 갓 캐낸 고구마 같은 인상인데 네덜란드에 유학을 다녀온 실력파 뮤지션이라고 들었다. 직업이 같은 걸 빼고 나면 공통점이 별반 없을 듯싶은데 참 잘 어울린다. 만남의 계기가 됐던 것처럼 버려진 동물들에 대한 애착이 가장 큰 공통 분모였을까?

외모로 사람을 판단해서는 안 된다고들 한다. 그런데 아이러니하게도 면접의 중요성은 더 커져만 가고, 대통령마저도 얼굴을 두고 호불호가 갈리고 별명까지 짓는 세상이 됐다.

그건 분명 생김새보다는 인상 때문이지 싶다. 그 사람이 풍기는 분위기, 느낌, 그리고 미소, 목소리.

우리는 콕 집어 정리하고 분명한 이유를 댈 수 없는 것들로 상대를 미리 파악하고자 하는 노력을 게을리한 적이 없다.

그런데 왜 그럴까?

결과적으로 잘 맞지 않는다면, 불필요한 수고라면 점차 사라졌을 텐데 그런 징후는 보이지 않는다. 아마 크게 어긋남이 없어서이지 않을까. 나는 어떤 데이터보다 정확하고 들이는 노력에 비해 만족할 만한 결과를 얻어서일 거라고 생각한다.

나이테처럼 얼굴에 새겨진 세월의 흔적은 그가 지나온 겨울이 얼마나 혹독했는지, 그 여름의 따가운 햇살이 어땠는지 보여준다. 그리고 결정적으로 그 사람이 지나온 계절을 어떻게 받아들이고, 어떤 마음으로 다가올 계절을 맞이하려는지 알게 해준다.

인상은 그런 것이다. 관상의 상위 버전이다.

기껏 실로 잡아당기고, 독극물을 주입해서 다림질을 하더라도 그 어색한 웃음이 오히려 마음을 열고 선뜻 다가설 수 없게 한다. 칼날처럼 세운 코끝이 제 것인 양 자리 잡고, 작은 눈을 찢어 감을 수 없게 된다고 해도 관상은 펼쳐진 페이지대로 읊으면 그만이지만 인상은 어떻게든 그 어색함과 위선을 잡아낸다.

머지않아 완전히 자리 잡게 될 이효리의 눈가 주름이 아름다울 거고, 사람 좋은 어벙한 눈빛으로 나긋하게 가라앉은 목소리가 편안함을 더하는 이상순은 착한 사람일 게다.

나는 그리 믿는다. 아니라고 해도 직접 만나 확인할 길이 없으니 다행이다.

사람은
누구나 떠난다

시대를 풍미한 재계의 거물 한 사람이 떠났다.

같은 하늘 아래 같은 공기를 마시고, 같은 땅을 밟고 살았으되 다른 삶을 살았던 사람이다.

소시민인 나로서는 그렇게 잊혀지고, 묻혀지기 마련인 생판 남인 돈 많은 부자의 그리 이르지는 않은 죽음이었을 텐데, 아주 가까운 거리에서 30여 년을 지켜본 지인을 통해 인간적인 면모나 기업가로서 남다른 고민을 알 수 있는 기회가 있었다 보니 그리 낯설지가 않다.

일주일 전.

회장님의 병세가 심상치 않다며 근심 가득했던 그분 얼굴이 떠올라 연락이라도 취해볼까 핸드폰을 만지작거리다 그만뒀다.

가족장이라 하지 않았나. 남을 번거롭게 하거나 과한 것을 싫어하는 소박한 성품대로 사시다 떠날 때에도 훌훌 털어버리고 가볍게 떠나시려 했나 보다. 그런데 직접 대면한 적도 없는 내가 굳이 부산을 떨 필요가 없는 일이다.

으레 그러하듯 자서전 한 권은 남겼으려니 하며 찾아보니 생뚱맞게도 〈한국의 새 2000년〉이 뜬다. 시간이 날 때면 LG소유의 수목원 화담 숲을 찾아 허리춤에 전지가위를 찬 점퍼 차림으로 계곡을 누볐다는 '물 주는 할아버지' 그답다.

가진 자의 삶, 누리고 내려다보며 부족함 없었을 한국 재벌 중 한 사람이지만 조금은 남다르게 살려고 노력했고, 나와 다른 경계 너머의 이목을 의식했던 분으로 기억된다는 사실이 살아서 누리던 그 어떤 영화와 찬사보다 더 값어치 있으리라.

어떤 이는 죽음마저 남은 사람들이 이기심으로 붙들고 있는데, 그는 연명치료 하지 말라는 당부로 지금껏 걸어왔던 그 모습대로 떠났다.

누구는 잊혀졌으되 존재하는 미이라의 삶을 살고, 또 다른 이는 이렇게 사라졌으되 남기고 가는 죽음을 맞이한다.

삶이 다양하듯 죽음 또한 한결같지가 않다.

중3 아들 주저앉히기

아들은 특목고를 가고 싶어 했다.

2학년까지 공부에 뜻이 없어보이던 녀석이라 '웬일로 저리 열심이지?' 의아했고 기특해만 했지 정작 나름의 목표가 있어 용맹정진한다는 걸 무심한 아비는 몰랐었다.

친구를 좋아하는 성격이라 유혹에 약하고, 의지가 강하지 못해 분위기에 쉽게 휩싸이는 걸 본인이 잘 알고 있기에, 공부만 시키는 그런 학교를 선택하려 한다고 이유를 설명했다. 아내는 이미 몇 군데 학교를 알아본 모양이다.

"너 아빠의 어떤 점이 존경스럽다고 했지?"

"미친 인맥요."

"그래, 너도 알다시피 아빠 고교 동문 중에는 전과자, 법관, 사채업자, 국회의원, 의사, 참모총장… 참 다양해. 왜 그런 것 같니?"

"왜 그런데요?"

"시골 학교를 나와서 그래. 친구나 선후배들이 워낙 성격도 다르고 다양한 진로를 선택하다보니 자연히 그렇게 된 거야. 니가 가겠다고 하는 '자사고'나 '특목고'란 게 잘은 모르겠다만 들입다 공부만 파서 소위 정해진 '엘리트코스'를 밟겠다는 범생이들만 모아놓은 듯싶은데, 나중에도 진로는 비슷하지 않겠니? 결국, 니가 부러워하는 아빠의 그런 점은 닮기 힘들어지는 거지. 그리고 입학은 되겠지만, 그 학교가면 성적으로는 거의 꼴찌일 텐데 나 같으면 용꼬리보다 뱀 대가리를 택하겠다."

"…"

녀석은 지금 엎어지면 무릎 닿을 거리에 있는 아파트 단지 내 고등학교를 유유자적 노닐듯 다니고 있다.

과연 자식의 앞날을 두고 던진 주사위가 어디서 멈출지, 어떤 숫자가 나올지 모른다.

고3이 된 지금 좀 두렵기도 하다.

주방장 9시
나라시 10시

 뭐니 뭐니 해도 사우나의 백미는 탕에서 슬슬 녹아 노곤해질 쯤 옥돌평상에서 지지는 거다. 그러다 등짝은 설설 끓는데 공기는 서늘해서 깨면 다시 탕으로 들어가길 반복한다.
 또 하나.
 예전에는 나라시(ならし)라 부르던 세신(때밀이)을 하는 거였다. 매일 샤워로 만족하는 신세대는 모른다. 더께를 걷어낸 듯한 개운함과 미끄러지듯 엄마의 산도를 빠져나온 태아의 홀가분함을….
 중국 요릿집 주방장 퇴근시간은 9시인 것은 전국(전 세계일 수도….) 공통이다. 전국 공통일지는 모르지만 이곳 세신사의 퇴근시간은 10시. 그 이후로는 탕에 물을 빼서 교체하고 청소를 해야 하기 때문이다.

단, 예외가 있다면 나 한 사람이다.

사소하다면 사소한 발단으로 특혜(?)를 누리게 된 건데….

이곳에서의 꽤 긴 목욕생활(?) 동안 거쳐 간 세신사가 한 6명 정도 된다. 그 중 3명이 가족을 중국에 두고 온 조선족이었다.

목욕을 즐겼던 로마제국의 귀족도 아닌 주제에 드러누워 맨 몸뚱이를 맡기는 호사를 누리는 게 미안하기도 하고 겸연쩍기도 해서 말을 붙여보면 우리말 발음에서 금방 알아챈다. 이런저런 얘기를 주고받다가 식당 밥값도 아까워 컵라면으로 때우고 손님이 많을 때는 건너뛰기를 다반사로 악착같이 돈을 모아 송금한다는 걸 알게 됐다.

음료 뚜껑 미리 따기.

언제부터인지, 몇 번째 세신사부터인지는 가물하지만, 세신이 끝나면 키를 들고 나가 음료수 2병을 사서 하나는 내가, 또 하나는 반드시 뚜껑을 따서 건네길 (그렇게 하지 않으면 갈증을 참고 나중에 현금으로 바꾸는 걸 방지하느라) 지금껏 하고 있다. 그렇게 밀려나간 때처럼 한결 미안함도 가셨다. 그뿐이었다.

그런데, 나만의 그 전통(?) 때문인지 사우나에 들어서면 항상 묵례를 하고 반가이 맞는다. 물론 부작용도 있다. 야근 후 잠깐 씻으러 와서도 눈인사를 받고나면 예상에 없던 세신을 해야 해서 지출이 늘어난다.

특혜 즐기기.

어느 때인가 늦게 밤 11시도 넘어 청소 중일 때 와서는 흘리는 말처럼 "지금 세신 할 수 있겠습니까?" 물으니 "그럼요." 하더니 입었던 속옷을 다시 벗고 타월을 허리에 두르는 게 아닌가!

어디 그뿐인가 호스를 뿌리며 청소할 때도 나한테만 다가와 "사장님, 이쪽에는 락스 뿌렸습니다. 잠깐 저쪽으로 옮기셨다 오세요"라고 소곤댄다.

그렇게 지금 수년째 남들은 엄두도 못내는 호사와 특혜(?)를 누리며 오늘도 혼자 독탕을 즐긴다.

그랬으면

한동안 필리핀을 자주 가던 시절이 있었습니다. 필리핀의 많은 도로를 일본이 무상으로 건설했답니다. 오래전, 그 길을 달리면서 감탄과 열등감이 엇갈렸던 기억이 선명합니다. 앞에도 뒤에도 옆에도 온통 일본차로 뒤덮인 도로를 그렇게 달렸습니다.

한시바삐 통일이 돼서 아직 불비하다는 북녘의 도로를 우리가 닦아주었으면 좋겠습니다. 아니 꼭 그래야겠습니다.

앞에도 뒤에도 옆에도 온통 우리차로 뒤덮인 도로를 그렇게 달리는 날이 빨리 왔으면 좋겠습니다.

여성 국방장관을 기다리며

흔히 군바리라고 했다.

나를 비롯한 많은 신체 건장한 한국 남성은 나비가 되기 전 번데기 상태처럼 이 군바리로 통칭되던 고된 군복무 과정을 거쳐 현대의 성인식을 대신하지 않았나 싶다.

온갖 미사여구를 갖다 붙이고 숭고한 의미를 덧씌우더라도 군인은 적이라고 간주하는 사람을 아주 잘, 많이, 효율적으로 살인하는 기술과 장비 다루는 법을 배우고 익혀서 무장대기하는 직업의 사람을 일컫는 말이다.

물론, 살인자와는 명확히 구분되는 필요악의 성격을 지니고 있고, 인간이 농경사회를 거쳐 집단 거주를 선택한 이래 그 공동체를 보호하는 임무를 부여받은 신분이 보장되는 가장 오래된 직업 중 하나이기도 하다.

그래서인지 가장 근원적이고 본질적인 군대의 속성은 변함이 없다. 살인과 그에 따른 기술 습득을 위해서는 단순화되고 일률적인 반복훈련과 상명하복이 금과옥조처럼 자리 잡고 있는 집단이다. 그래야만 비윤리적일 수도 있는 부여된 임무를 충실히 거리낌 없이 수행할 수 있기 때문이다.

그런데 사고의 경직성과 획일적인 지휘전달 체계가 몸에 밴 그들이 사고의 유연성과 다양한 접근을 필요로 하는 국제간의 외교사안에 관여했을 때 일어나는 심각한 문제는 때로 예상치 못하는 참혹한 결과를 초래한다.

어쩌면 나비의 전단계인 번데기처럼 민간인 이전의 군바리단계에서 자연적인 탈피 없이 군복만 벗고 양복을 입게 하는데서 생긴 부작용일수도 있다.

최근 들어 국방부가 이전에 없던 국민의 불신을 받는 집단으로 전락했다. 수많은 사건 사고, 부정이 문제가 되고 있다. 그것이 단순무식한 충성심의 발로든 국가 이익을 위한 의로운 결단이든 그 어떤 이유로도 정당화될 수 없는 헌법위반이고 범죄행위다.

우리는 때로 국가대표나 유명한 팀 선수출신이 아니면서 훌륭한 지휘력을 발휘하는 감독을 만난다. 내가 아는 대부분의 축구감독과 야구감독이 그렇다.

군인출신 국방장관. 이제 그만 고집할 때도 된 것 같다. 선진국들이 여성 국방장관, 민간인 출신 국방장관 임명으로 국방이 허술해지고 전투력이 약해졌다는 얘기를 들어보지 못했다. 그들이 왜 그런 선택을 하는지 연구해 볼 충분한 이유가 있다.

사람 교체보다 인식의 전환이 더 급선무다.

참외

참외를 먹습니다.

처음 깎은 참외는 참 달았습니다. 그 맛에 혹해서 다시 꺼낸 참외는 풋내가 도는 것이 무보다 조금 나은 맛입니다. 같은 공기를 먹고, 같은 땅 한줄기에서 자란 참외일 텐데 말입니다.

우리도 다를 바 없습니다. 한 부모 아래 자식이라고 같은 성정을 타고 나기야 하겠습니까? 같은 길을 걷지도 원하지도 않을지 모릅니다. 하지만 한 뿌리에 나서 한 줄기를 타고 맺은 열매임에 분명합니다. 나와 다른 생각을 지녔다고, 엇갈린 길을 걸었다고 형제가 아니라고 말할 수야 있겠습니까?

　어렵사리 잡은 손 우리가 먼저 빼지 말았으면 합니다. 남도 아닌데 박절하게 굴지 않았으면 좋겠습니다.

　아무렴 어떻습니까? 통역이 없어도 내 말을 알아듣고 그의 말에 귀 기울일 수 있는 우리는 한 뱃속에서 난 한 형제입니다.

　언제고 맞잡아야 할 손입니다.

　이왕이면 지금 너무 늦지 않게 어깨를 나란히 걸어가면 얼마나 좋을까요.

스케일

 직업상 스케일(Scale)이란 물건을 늘 지니고 다니고, 자주 쓰게 됩니다. 축척에 따라 작성된 도면 상의 치수를 재는 일종의 자인데 1/100, 1/200 등 얼마만큼 축소해서 그려놓았는지에 따라 같은 축척이 명시된 치수 면을 갖다 대어 그 실제 치수를 읽는 도구입니다. 건축이나 디자인을 배우면서 학생들이 제일 처음 배우고 늘 쓰게 됩니다.
 그런데 같은 축척으로 한 도면에 그려진 그림을 각각 다른 스케일 면을 가져다 대서 치수를 읽으면 어찌되겠습니까? 실제로 그런 일은 일어나지 않거니와 절대 일어나서도 안 되는 일입니다. 하지만 현실에서는 비일비재하게 일어나는 현상이기도 합니다. 상대편과 내편을 가르고, 계층을 나누고, 심지어 지역을 나눠서 다른 잣대와 기준을 적용합니다.

세상 모든 일을 바라보는데 있어 마음 속 스케일 하나 정도는 품고 살아야겠습니다.

즉, 같은 사안에서는 같은 면을 갖다 대서 정확한 치수를 읽어야 하는 것이지요. 그것이 기준이고 상식입니다. 상대에겐 엄격하게, 내겐 관대하게 잣대를 가져가선 안 됩니다. 심지어 뒤바꿔서도 안 되겠습니다. 내게 엄격한 것은 도덕적이고 관념적인 일에만 적용해야겠습니다.

기준은 하나입니다.

아이들도, 학생들도 아는 상식을 쉽게 잊어버리는 세태가 안타까울 때가 있습니다.

싸구려면 어때

 어떤 때 행복하냐면, 텀블러에 냉커피를 타서 망고를 데리고 산책 나와 벤치에서 책을 읽을 때다.

 비 오는 날 다이어트 하느라 저녁을 굶자고 약속한 후배와 파전을 시켜놓고 "이건 밥이 아니잖아." 서로를 위로하며 막걸리를 마실 때다.

 슬리퍼를 끌고 입장료 안 받는 공원까지 걸어가 다리 밑에서 전기세도 안 내고 그 시원한 바람을 무상으로 맞고 있을 때다.

 아내가 내 선물이라며 자랑스럽게 꺼낸 두 벌의 티셔츠 가격을 물었을 때 개당 5,000원으로 정확히 맞추는 바람에 실망하는 아내 모습을 볼 때 행복하다.

  내 행복은 싸구려다.

  돈이 안 들거나 거의 들지 않으니 더 행복하다.

팥빙수

 채 열 명이 안 되지만 그중 누구의 고향도 아닌데 한 지역에 살면서 22년을 한결같이 호형호제, 친구로 지내는 관계를 이어온다는 게 그리 흔한 일은 아니지 싶다.
 한 달에 한 번 꼴인 셈이다. 다들 큰아이 가졌을 때 만났으니 햇수를 세기도 편하다. 친하게 지내는 아내들의 남편으로 만났는데 그녀들 역시 첫아이를 가지고서 산모 체조교실에서 만난 사이다 보니 조금은 유별스런 관계고 모임이다.
 오늘 모임의 저녁메뉴는 반주로 막걸리를 곁들인 가오리찜과

순대다. 자리를 옮긴 후 후식은 언제나처럼 팥빙수다. 만나는 시간이나 식사메뉴가 바뀌어도 후식은 한 겨울에도 팥빙수라서 모임 이름이 '팥빙수회'다.

이번 달에는 멤버 중 세 사람이 생일이라 생일축하를 겸한 자리다. 그래서 케익에 꽂힌 초가 3개, 선물은 상품권. 남자들끼리 생일 축하한 지도 꽤 됐는데 머쓱하기는 여전하다.

매일 새벽마다 모두에게 톡으로 날씨를 알려주는 한의사 친구가 손수 마련한 선물 꾸러미를 내민다. 아니나 다를까 생일자부터 나눠주고 다른 이에게도 고르게 나눠준다. 언제나처럼 순서에만 의미가 있는 선물인 게다. 곰살궂은 친구다.

어디를 가든 형님들 수발드느라 손발이 잰 막내부터 술이라면 자다가도 일어날 동생, 지갑 빼는 속도가 서부 총잡이 버금가는 친구까지 나이도, 직업도, 성격도, 고향도 각기 다른 사람들이 그렇게 어우렁더우렁 살아간다.

삭막한 도시라서 팍팍한 살림이라서 못하는 건 없다.
물 한 방울 솟지 않는 사막에도 선인장은 살아남고,
도마뱀은 새끼를 치기 마련이다.

미시
missy

 망고를 데리고 산책을 나갔다. 봄볕이 더 할 나위 없이 좋은 날이다. 학원을 가는 모양이다. 초등학생 아들 곁에 새댁이 참 곱다. 아가씨라고 한들 손색이 없다. 차리고 나선 품이 브런치 모임이라도 있는 모양이다.
 요즘 여인들은 자신을 무척이나 사랑한다. 손발톱까지 남의 손을 빌어 다듬을 정도니 용모를 가꾸는데 아낌이 없고, 프레타 포르떼를 알 만큼 트랜드를 쫓는데 여념이 없다.
 가끔씩은 지적 호기심으로 교양강좌에 참석하고, 봉사활동에도 열성을 보이기도 한다. 그녀들에게는 이름이 있다. 누구의 아내고, 엄마이기 전에 처녀시절 그 이름을 온전히 지키고 가꾸며 보태기도 하면서 산다.

그러고 보니 우리 엄니들은 이름이 없었다. 누구네 며느리였고, 아내였으며, 엄마였다. 밭을 매던 손이라 거칠기 그지없었고, 사철을 한두 벌로 나는 게 다반사였다. 품앗이에는 빠짐이 없었고, 플라스틱 공짜 바께스에 꼬여 장사치 말에 귀기울이다 그나마 세상 동정을 알 뿐이었다. 동네 마실 말고는 동원돼서 나서는 정치인들의 선심관광이 유일했던 분들이다.

그런데 우리 엄니들은 남에게 해코지하면 못쓴다고 가르치셨다. 거짓말하면 안 된다고, 친구와 사이좋게 지내고 선생님 말 잘 들어야 한다며 도시락을 싸주셨다. 결코 경쟁에서 이겨야 한다 안 하셨고, 친구를 가려서 사귀라고도 않으셨다. 돈만 많으면 못할게 없다고도 하지 않으셨다. 나이 어린 선생님이 가정 방문이라도 할라치면 손 모아 조아리기가 어른 모시듯 조심스러우셨다. 교무실을 뒤집어놓고 선생님 무릎을 꿇린다는 건 언감생심 꿈도 못 꿀 일이다.

예쁘지도, 많이 배우지도, 자신이 누군지도 모르고 사셨던 엄니들이 이 나라를 일궜다. 대통령을 낳았고, 판·검사를 만들었으며, 성실한 가장을 세상에 내놓으셨으니 그러하다.

그 자식들이 이 나라가 가장 어려웠던 시기에 망치를 들었고, 가장 중요한 시기에 촛불을 들었다. 그런 아들, 딸을 낳고 가르치며 키웠다.

예쁘고, 날씬하고, 자신을 누구보다 사랑하며 세상에 당당한 미시엄마들이 참 보기 좋다. 그저 보기 좋을 뿐이다. 처음 간 동네 의원에 걸려 있던 꼬부랑 금색글씨의 수료증 같다.

그래도 우리는 세상 살면서 지켜야 할 도리와 사람 사는 이치를 깨우쳐 준 못 배운 엄니라도 있었는데…. 지금 이 아이들은 화사한 봄날 하늘거리는 천사 같은 엄마에게서 뭘 배우고 있을까? 아니 제대로 배우고 있기나 한 걸까?

공연히 아이가 멘 가방이 무겁게만 보인다. 담아야 할 건 책, 공책이 아니고 정작 짊어져야 할 건 가방이 아닌 것을….

봄 햇살이 웬일로 따갑다.

짜글이와 빵

순대국밥이 맛나던 식당입니다.

어느 날 신메뉴로 충청도에서나 먹을 수 있던 '짜글이'가 등장했더군요. 익히 아는 솜씨라 그 또한 맛있으려니 하고 주문했습니다.

그런데….

지금 유난히 비싼 빵집의 빵을 사러가면서 '밀가루에 우유, 계란…. 다 거기서 거기일 텐데 그 집은 너무 비싸.'

투덜대다가 문득 깨달았습니다. 사실 그때 그 '짜글이'는 달아서 맛을 버렸고 몇 술 뜨지도 못했거든요.

내 식성 탓일 수도 있는데 설탕 한 꼬집 더 넣었다고 그 식당에 가졌던 좋은 기억마저 망쳤는데 하물며 그 맛있는 빵을 만드는 제빵사의 숙련된 반죽 솜씨나, 재료의 선택과 비율, 기막힌 숙성타이밍, 예민한 후각을 잊어버리고, 그리되기까지의 고된 과정과 오랜 세월을 무시하고 경거망동한 겁니다.

가끔 깜빡하고 사는 게 인생인가 봅니다.
그 집 빵. 줄을 서도 투덜거리지 않고 달갑게 먹으렵니다.
그리고 참, 순댓국 잘 끓인다고 짜글이까지 맛있지는 않듯 전문영역에는 각자 고유한 전공분야가 있습니다.

시험

아이들은 코를 박고 시험을 치르는데 나는 다리를 괴고 책을 읽는다.

적막한 긴장감이 감도는 게 싫어 음악을 깔아두었다. 내겐 피아노 선율이 들리는데 그들에겐 종이 넘기는 소리만 들리겠다.

중간고사다.

오픈북에 인터넷 검색까지 허용된 시험이지만, 별무소용의 다른 표현일지도 모른다.

아이들에게 흐르는 이 시간은 빠르겠지만, 내게는 무던히도 느긋하기만 하다.

지난 시간의 내가 저기 앉아 있다.

내가 나를 마주하고 있다.

오래 전 저기 앉았던 나는 조용한 음악이 흐르는 강의실에서 아무런 준비 없는 시험을 치고 싶었다.

밤을 지샌 벌건 눈을 부비며 흐릿한 기억을 더듬어야 하는 고통이 없길 바랐다.

나는 지금 내가 낸 문제에 내 생각을 써 내려가고 있다.

내가 저기 앉아 있다.

봄비

후두둑 후두둑
부러진 가지 잎사귀 떨구나
꽃잎 흩뿌리는 소리인가

살풋 젖은 땅이
되려 나선 걸음 붙드는데
마냥 서 있어 볼까

보이는 건 희뿌연데

들리는 건 청명해서

봄이란 걸 이제 알겠네

+ - 0
# 플러스 마이너스 제로

지금처럼 편한 세상이 또 있을까.

산책길에 스마트폰 하나만 들고 나오면 모든 정보의 열람과 세계와의 소통이 가능하고, 지갑 없이 결제까지 가능한 시대를 살고 있다.

그러면서 한편 소름끼치도록 무섭다.

나의 일거수일투족은 언제나 기록되고, 공개되고 있다는 뜻이기도 하니까 말이다.

10여 년 전만 하더라도 내가 몸담고 있는 인테리어업계에서는

'자료를 산다'는 말을 통상적으로 써왔고, 이 '자료'를 파는 것이 실제 '업'인 자재상, 회사가 사대문 안에서 성행했다. 이 '자료'는 '세금계산서' 또는 '간이영수증'을 일컫는 '은어'다.

소위 노가다 판에서 일당직의 인건비와 처리하기 힘든 자재비의 근거를 챙기기 어렵다보니, 세무신고 시 사후정산에 이런 가짜 세금계산서와 영수증이 필요해서였다.

물론 비대하리만큼 커져 버렸던 '접대비'나 '떡값' 또한 주요한 수요 요인이었다.

그런데 시대가 바뀌었다.

1,000원짜리 물건도 스마트폰에 장착된 '○○페이'로 결제가 되는 세상이 되다보니, 개인사업자조차 사업자통장에 카드사용이 일상화되고, 예외조항이라고는 찾아보기 힘든 타이트한 세무방침에 팍팍한 경영이 통념화되고, 예의 그 '자료상' 단속이 성과를 거둔 결과기도 하다.

하지만 나는 이런 지금의 세상이 무섭고 따분하다. 기름기 하나 없이 지방이라곤 어디에도 묻혀 있지 않은 근육질의 여성 보디빌더를 대하는 느낌이랄까?

내 행적이 편의점 포스(POS)를 통해 어딘가에 기록되고, 좌판에서 마시는 막걸리 한 사발 값조차 영수증 챙길 걱정을 해야 되는 이 세상이 무섭고 따분하기만 하다.

등산

서른에는

정상만 보고 남보다 앞서 오르려다

계절이 바뀌는지도 모르다가

마흔 되어

왜 오르고 있는지 곰곰이 걷는데도

길가 핀 꽃과 채이는 돌부리가 보이고

쉼에는

딛는 걸음마다 밟히는 그림자가 내 것임에

고개 내민 풀 한 포기도 건들릴까 피해간다.

방송 유감

"허구헌날 먹고 마시고 놀러 다니는 것만 보여주니 힘든 사람들이 얼마나 맘 상하겠냐."

연예인들 패키지 여행 다니는 TV프로를 보다 혀를 끌끌 차신다. 지나간 회분까지 '다시보기'로 찾아서 모든 "허구헌날 울고불고 지지고 볶는 99% 판박이 드라마"를 외우다시피 하는 어머니께서 하신 말씀이다.

세상은 나를 중심으로 돈다.

방송출연
유감

일요일.

게으른 기상으로 늦은 아점을 물리고 식곤증에 꾸벅대는데 핸드폰이 울렸다. 모르는 번호다. 휴일에 전화 오는 일이 드문 터라 스팸 전화인가 했다.

"여보세요."

"네, 안녕하세요. ○○○소장님이시죠?"

"그렇습니다만…."

"저는 MBC 작가 ○○○고요…."

얘기인즉슨 방송주제가 '부동산 재테크'인데 홍대 인근 상수동이나 서교동에서 오래된 주거용 건물의 리모델링을 통해 재테크한 사례를 찾고 있어 연락을 했단다.

우선 휴일 전화 내용치고는 그리 달가운 전화 내용은 아닌데, '부동산 재테크'라는 단어에서 약간의 브레이크가 잡히는 기분이었다. 그러니 대답이 그리 부드럽고 친절하지는 않았으리라.

어쨌든 유사한 사례를 들어 얘기했는데, 다행히 건물매입에서 리모델링까지 전체를 관장한 프로젝트다보니 막힘없이 대답은 해줄 수 있었다. 무엇보다 매입가와 리모델링 후 가치상승이 3~4개월 만에 엄청 상승한 케이스다보니 상당한 관심을 보였다. 그런 관심도 썩 유쾌하지만은 않았다.

당연히 주제가 '재테크'인데 나는 '디자인'을 묻기를 바랬나보다. 서로 듣고 싶어 하는 것과 하고 싶어 하는 얘기가 어긋나 있다.

상대는 '부동산 재테크 수단'으로서의 리모델링을 듣고 싶어 하는데 나는 리모델링으로 부동산 가치가 얼마나 상승하는지를 얘기하고 싶어 했다.

"그런데 저희가 자세한 자료와 내부 촬영을 해야 해서요."

"리모델링 전 사진은 제 블로그에 있으니 참고하시고, 내부 촬영은 직접 가서 전화 주시면 제가 관리하는 분께 말해 놓을 테니…."

"그게 아니라 건축주 인터뷰가 있어서 시간을 2~3시간 내주셔야 하는데요."

"그건 여쭤봐야 될 텐데… 아무래도…."

결론적으로 건축주가 5분 방영될 촬영에 2~3시간을 비울만큼 한가한 분도 아닌데다, 한국 정서상 그런 사례로 방송을 탄다는데 흔쾌히 승낙할 사람도 드물 터라 결과적으로 무산됐다.

나 역시 그러고 싶은 마음이 없었으니 적극적으로 협조하고 싶지도 않았던 게 본심이긴 하다.

몇 년 전 KBS의 모 프로그램에서 똑같은 과정으로 연락이 왔다. 비슷하게 퉁명스런 반응을 보였는데 그때는 카메라맨과 작가가 직접 사무실까지 찾아와 사전인터뷰를 했다. 그런데 그때도 하루 온종일 촬영을 위해 시간을 내야한데서 끝내 거절했다.

핑계는 선약이 있어 촬영 당일 시간을 낼 수 없다는 것이었지만 속내는 '봄맞이 집 단장'이란 주제가 마뜩찮았고, 미리 정해둔 해답이 있는 방송내용에 마음이 움직이지 않아서다.

인테리어 잡지나 기사에는 협조적인 태도를 보이는 내가 유독 방송에는 알레르기반응을 보이는 데는 예전 MBC 모 프로그램을 비롯해 한동안 여러 케이블방송에서 유행처럼 번졌던 인테리어 소재 방송프로그램에 대한 반감이 뿌리 깊게 자리 잡고 있어서임을 고백하지 않을 수 없다.

잘은 모르겠지만 방송이 갖는 '속성'이 나와 안 맞는다는 생각이 든다.

이 프로그램이 방영되는 기간 동안 죄 없는 아내는 내가 내뱉는 불만을 들어줘야만 했다. 지금도 그 생각에는 변함이 없는데 이런 것들이다.

일단 7일 정도의 짧은 시간으로는 제대로 된 인테리어 컨셉 잡기도 힘든 기간인데 마술처럼 시공까지 해낸다.

마치 주인공이 블루셔츠가 잘 어울리는 건축가로 나온 '드라마'를 보는 것처럼 비현실적이고, 이런 점들로 인해 일반인들은 오도된 정보를 사실로 받아들이게 된다. 이건 사기다. (아니면 그 프로에 나온 디자이너들은 '모차르트'에 버금가는 천재들이다. 나는 인정할 수 없지만….)

이 분야에 종사한 사람들은 안다. 이렇게 조악한 설계와 빠듯한 일정(실은 기적적인 일정)으로 완성된 인테리어와 리모델링이 완성 후 얼마나 많은 후유증을 가져오는지….

실제로 여러 경로를 통해 방송촬영이 끝난 후 다시 재시공에 들어갈 정도라는 얘기와 창문이 새거나 여러 군데에서 심각한 하자가 나타난다는 사실을 전해들을 수 있었다.

너무나 당연하다.

인테리어나 건축이라는 것이 상당부분(뇌 감각의 40~50%) 시각적인 것에 의존하는 분야이기는 하지만, 사실은 우리 몸과 접촉하고 함께하는 공간이기에 그저 기발하거나 보기 좋다고 해서 잘된 것은 아니다.

특히 주택은 이런 점을 더욱 세심하게 챙겨야 한다. 그런데 원래 있던 집들과 가구들은 어디론가 다 치워지고 작고 예쁜 소품이 그 역할을 대신한다. 그만큼의 짐이 있었다는 건 가족이 과정을 통해 필요에 따라 갖춘 것이다. 그것을 대체하거나 생활 패턴을 바꿀만한 계기(예를 들어 경제력 향상, 가족 구성의 변화 등)가 없다면 삼가야 할 사항들을 서슴없이 저지른다. 왜냐하면 그들에겐 시혜에 가까운 행운이니까. (대부분 어려운 처지들이고, 공짜다보니….)

그 외에도 협력업체에 대한 횡포에 가까운 찬조 요구 등등. 많은 폐단을 알고 있지만…. 이후 케이블 방송을 통해 나온 '코미디'에 가까운 인테리어 관련 프로그램에 비하면 양반이었다는 것도 알고 있다.

무심코 돌린 채널에서 집주인(그것도 2층이다)의 취미가 바다낚시라고 그 집 거실에 바닷물을 채워 실내 낚시터를 만들고 파라

솔을 설치하는 것을 보고 기절할 뻔했다.

그것도 아내가 외출한 한나절 동안 이 모든 걸 해치우고 '서프라이즈'를 하는 장면을 몰래카메라에 담았다. 이후에도 집을 사우나, 당구장, 노래방으로 과감하게 탈바꿈시켰다.

규모나 착상 면에서 다른 채널의 소소한 기획과 발상은 이 프로에 비하면 애교스러웠다.

연예인들이야 출연료 받고 각본대로 촬영하면 제 본분을 다한 거지만 이 '작전'을 수행하는 인테리어 회사와 젊은 디자이너들은 대체 뭔가?

굳이 따지자면 내게는 이 분야 후배쯤 될 텐데 그 당시엔 찾아가서 멱살을 잡고 패대기를 치고 싶은 심정이었다.

"어떻게 책임지려고 이러느냐고."

디자이너도 전문가다. 제대로 배우고, 경험을 쌓고 끊임없이 스스로를 채찍질하며 일반인보다 앞서가야 하는 직업이다.

'전문가'란 아닌 길, 틀린 말에는 "No!"를 외칠 수 있고, 정확한 내용으로 설득하는 자존심과 전문성을 두루 갖췄다는 의미를 담고 있다.

'먹방'에 이어 '집방'이 뜬다고 한 지도 꽤 됐는데 어느새 흐지

부지 '개방(반려견이나 반려묘가 나오는 방송)'으로 넘어간 느낌이다.

나로서는 다행이다.

청문회
유감

구멍가게라도 운영해 본 사람은 안다.
비 새는 판잣집이라도 물려받았으면 느낀다.
그때만큼은 세금이란 게 얼마나 무겁고,
왜 그리 억울하게 강탈당하는 기분인지….
내 사업을 한 지 십여 년이 된 지금도 절세와 탈세의 그 모호한 경계를 잘 알지 못하고, 아직 선친의 명의로 남아 있는 스무 평짜리 고향집을 물려받지 않은 나지만 절세건 탈세든 탈 없이 한 푼이라도 아낄 수 있다면 세무사의 조언에 귀 기울여 그에 따를 것이고, 서울

오피스텔 보증금에도 못 미치는 집값일망정 거부치 않고 상속세를 줄일 수 있다면 콩 한쪽 가르듯 형제간에 쪼개서 상속받을 것이다.

세상 어느 누가 물려주는 재산을 안 받을 것이며, 제 돈 아낄 수 있다는데, 이미 아는데 일부러 일일이 찾아가며 더 많은 세금은 내려한단 말인가?

나조차도 내 능력으로 부대낌만 없다면 조금이라도 나은 교육 환경과 미래에 도움이 된다는 학교에 내 자식을 보낼 거다. 위장전입을 할 거다.

청문회를 통과해야 하는 장관들의 면면을 다 알지도 못할뿐더러 개인적인 친분도 없는 나로서는 그들의 안위를 걱정할 처지는 못 되는 소시민에 불과하다. 그들의 입장을 대변하고 싶은 생각은 더더욱 없다.

그런데, 억울하다. 내가 분하다.

할 수 있는, 해도 되게끔, 길이란 길은 다 터놓고 그리해선 안 된다, 그리 가는 건 바른 길이 아니라고 손가락질하고 매도하는 현실이 내 속을 뒤집어 놓는다.

높은 자리에 앉았건 소시민에 불과하건 우리는 나약한 인간에 불과하다. 유혹에 약하고, 편한 길을 찾아가고 싶고, 유리한 방법을 찾아가기 마련이다.

어느 날 높은 자리에 올려놓는다고 갑자기 도덕군자가 되어 있거나 고행을 사서하는 선지자 행세는 할 수 없지 않은가.

차라리 아닌 길은 막아놓고 시빗거리는 애초 만들지를 말았으면 좋겠다. 카지노 허가해놓고 화투판 단속하라는 위정자들이 더 큰 문제다.

언론
폭력

오래전 외국 유명 디자이너 초대전을 준비하고 성황리에 진행 중이었는데 D일보 사회면 한 페이지가 이 기사로 채워져 실렸다. 그리고 이 전시회를 기획한 나의 인터뷰 내용이 나왔는데 나는 그 신문과 인터뷰한 적도, 기자를 만난 적도 없었던 터라 항의성으로 신문사에 전화를 했다.

마침내 연결된 그 기자 왈, 심드렁하게

"뭐 잘못된 거 없잖습니까? 일부러 그렇게 실리기도 힘드니 잠자코 계시죠."

등골이 오싹했다. 그렇게 그때 언론의 힘과 허위를 몸소 체득했던 터라 이후 모든 매스컴 보도내용을 비틀어 보는 버릇이 생겨버렸다.

박항서

　얼마 전 사업차 베트남을 다녀온 지인의 말을 빌면 한국에 대한 베트남인의 인식이 엇갈린다고 한다.

　기적 같은 경제발전을 본받자는 호의적인 시각과 베트남전에서 총구를 겨눈 적국으로 보는 시각이 공존한다고 했다.

　문제는 후자의 경우 일부 지도층은 국력을 키워 언젠가는 한국에 전쟁배상금을 청구하겠다는 복심을 품고 있다는 거다.

　입장을 바꿔보면 한국과 일본의 경우처럼 그들로서는 어쩌면 당연한 마음가짐이다.

머나먼 나라로 인식되던 네덜란드를 가까운 우방으로 느끼게끔 했던 히딩크 효과만큼 베트남에서 축구감독으로서 대단한 활약을 펼쳐 보이는 박항서 감독에게 아낌없는 갈채를 보낸다.

한국에 적대적인 베트남인들을 같은 아시아의 이웃국가로 느끼게 하는데 지대한 공을 세웠고 앞으로도 그러해주길 바란다.

뜻하지 않은 휴식

여러분은 쉴 때 무엇을 하십니까?

저는 그림을 잘 모릅니다. 아니 무지한 편에 가깝습니다. 가끔 그다지 바쁘지 않은 오후 짬에 아무런 계획도 없이 갤러리에 들릅니다.

다행히 집에서 혹은 사무실에서 조금만 걸으면 되는 곳에 있으니 감사한 일이지요.

어떤 사람은 눈으로, 또 어떤 이는 머리로, 가슴으로 그림을 봅니다. 여전히 그림은 미동도 하지 않고 그 자리를 지킵니다만, 누가, 어떤 마음으로, 심지어 어떤 시간에 만나는지에 따라 달리 보인다는 게 신기할 따름입니다.

현존하는 가장 오래된 그림들은 프랑스 동굴에서 발견된 3만 2천 년 전 것이라고 합니다. 학자들은 이를 미뤄 짐작컨대 그 이전부터도 남아 있지는 않을 뿐 그리고자 하는 인류의 욕구를 증명하는 것이라는 주장을 합니다.

아이들을 키워본 저 역시 이 주장에 동조하지 않을 수 없습니다. 그 녀석들이 걸음마를 시작할 무렵부터 어디든 크레파스로 그림(낙서)을 그려대는 통에 곤욕을 치렀거든요.

마음을 움직이는 그림과 조각, 그리고 음악까지도 우리에게 휴식과 함께 무한한 상상력과 아이디어를 줍니다.

'마르지 않는 샘'입니다.

마음같이 되지 않는 일에 혹은 세상사에 목이 말랐다면 잠깐 일손을 놓고, 휴식을 취해보면 어떨까요?

내 맘대로
차례상

 남의 집안 제사상 차림에 토를 달아선 안 된다고 했던가.

 자라면서 집안 큰 집의 제사상 차림과 순서를 지켜봐온 나지만, 막상 성인이 되고 직접 제주가 되어보니 헷갈리고, 기억이 나지 않았다.

 당신을 기리는 마음과 차리는 정성만 진심이면 되지 않을까 싶어 이전부터 마음에 들지 않던 한자 가득한 병풍 대신 화려한 큰 그림 액자를 세웠다. 차례 순서도 맞이하고, 드시는 시간 짐작해서 기다리다 가시는 길 배웅하는 독자적이고 단순한 순서를 따른다.

죽은 자의 영혼을 상징한다는 나비가 그려진 서양화 병풍, 자연스럽게 익혀지는 순서, 동서양이 한데 어우러진 퓨전으로 차린 음식.

엄격한 잣대로 본다면야 엉터리고 허술한 차례일지도 모르지만, 나로서는 더없이 만족스럽고, 당신께서도 이런 아들을 탓하지 않으실 거라 믿는다.

매년 '간소하게', '남기지 않을 만큼 적게'를 주문처럼 되뇌면서도 막상 그날이 닥치면 강남 복부인보다 큰손이 되는 며느리도 당신의 복이 아닌가 싶다.

사랑을
말하자면

사람은 많아도 사랑은 드물다지만
사람은 없고 사랑은 많습니다.

사람다운 사람은 적을지 모르지만
그 사람의 사랑은 넘쳐납니다.

세상에 사람은 적고
사랑은 많습니다.

죽음 그리고
다시 맞는 아침

어릴 적부터 멘토였던 큰외삼촌이 그 높고 넓던 사랑 세상에 베풀고, 바다처럼 품더니 여든여섯 해의 소풍을 마치고 왔던 곳으로 돌아가셨다.

생전에 뵙고 싶어 돌아가시기 2주전 동생과 다녀간 게 얼마나 다행인지 모른다. 처음이자 마지막으로 드리는 조카들의 용돈을 받아들고 어찌나 좋아하시던지….

내 첫 대학등록금도 당신이 주셨건만, 크신 분은 언제나 준 것은 잊고 받은 것만 기억하신다.

다행히 출근 전에 부음을 들은 터라 곧장 창원으로 내려왔다. 아이들이 꼬맹이 때부터 유난히 제 놈들을 예뻐하셨던 마산 큰할아버지를 기억하고 자진해서 따라 나선 걸음이다. 오랜만에 만난 친지, 형제들과 묵혔던 이야기로 그다지 슬프지만은 않은 문상을 했다.

이참에 올해 무사히 입시관문을 통과한 딸아이와 고생한 아내를 위해 예정에 없던 1박 여행을 한다.

서둘러 올라가야 한다는 고3 아들 녀석을 설득해 밤늦게 부산 해운대로 왔다. 레지던스호텔 30층 최상층을 잡았다. 평일이라 저렴하다.

밀면으로 야식을 하고, 호텔 창밖 정경이 너무 좋아서 전통시장에서 기장 꼼장어를 포장해 와 조촐한 축하파티를 했다.

나와 딸아이는 소맥, 아내와 아들 녀석은 맥주를 마셨다. 엄마의 감시를 피해 아빠가 가끔 건네주던 맥주만 마시던 아들은 이번 기회에 아쉬움을 채운다.

두 놈이 번갈아 선곡한 최신음악을 들으며 우리 부부는 고단한 하루를 마감했다.

아침이다.

아침바다가 한눈에 들어온다. 설거지를 해치우고 아이들을 깨웠다. 어제 아들이 요청한 아침메뉴 부산돼지국밥을 먹으러 가야 한다. 아내는 바다가 보이는 카페에서 모닝커피를 하고 싶어 벌써부터 동동거린다.

이 모든 것 또한 큰외삼촌 당신이 주신 것임을 안다.

거북이가 된 고슴도치

젊은 날 나는 고슴도치였다.

덤비지는 않지만 물러서지도 않는 나는 고슴도치였다.

찌르려 솟은 줄 알았는데 여린 뱃살을 품느라 날카롭던 가시였다.

지금 나는 거북이가 되고 싶다.

세상이 궁금하면 고개 내밀고,

여차하면 껍데기 안으로 숨는 거북이 말이다.

고모 집 누나하고 형, 이렇게 둘이서 자취를 했는데 나는 여고생인 누나 교복의 흰 카라와 짧은 양갈래 머리가 참 예쁘다고 생각했다.

거기에 놀러 가면 누나는 고구마를 구워 껍질까지 까서 먹여주곤 했는데 아마 그 맛이 기막혀서 더 예뻐보였나보다. 어릴 때 나는 식탐이 많았었다.

그리고 모퉁이에 슈퍼가 있었는데 나는 매년 설날과 추석에 엄마 심부름으로 거기서 설탕 한 포대를 사서 메고 여인숙 주인 할머니께 가져다 드렸다.

어린 마음에 귀찮기도 하고, 설탕이 아깝기도 해서 왜 그래야 하냐고 투덜대며 여쭤보니 매번 엄마는 "아직 뭘 모르는 새댁인데 잘 챙겨주시기도 하고, 집을 내어주신 고마운 어르신이니 그렇게 인사를 드려야 한다"라고 하셨다.

그런데 내가 보기에 엄마는 새댁도 아니었고, 공짜도 아닌 전세를 사는데 왜 그래야 하는지 도무지 알 수가 없었다.

내가 고등학생이 되어 근처에 집을 사서 이사 나온 뒤에도 오랫동안 설탕포대를 나르는 연례 심부름을 계속했으니 그 두 가지 이유가 거짓말인 건 분명했다.

지금은 뭐라 하실지 모르겠다.

내가 딸을 키우고 차츰 커가니까 그 누나가 보고 싶어졌다. 그때 누나는 여고생인데도 참 어른이었다. 가끔은 막 지은 쌀밥에 간장,

빠다를 비벼서 줬는데, 무엇보다 누나가 호호 불어 먹여주던 그 고구마가 먹고 싶다. 이후로 누나를 본 적이 없어서 더 그런 듯싶다.

그런데 또 이상한 건 내가 사업을 시작하고 한 건물에서 15년째 세를 살고 있는데 내가 건물 맨 위층에 사는 주인댁에게 그러고 있더라는 사실이다. 내가 사회초년병도 아닐 뿐더러 공짜도 아니고 주인 어르신은 아무것도 안 가르쳐 주는데 말이다.

그 건물 입주자 중에 나만 유일하게 매년 설날, 추석에 과일 상자를 나르고 있다. 어릴 때처럼 이유도 모르겠고, 그냥 하는 거다. 내가 하는 거니까 불만이 없는 것만 그때와 다른 거다.

아버지 돌아가셨을 때….
아버지보다 연세 많으신 그 주인 어르신이 지팡이를 짚고 아들을 앞세워 다녀가셨다.

고향

내 고향 진해는
봄이 피는 땅

사계절 훈풍에
사람이 꽃인 터에

벚꽃 쫓아 찾아드니
그림자만 밟고 가네

사람 향기 그윽하니

그 향기에 취해가소

내 고향 진해는
사람이 꽃인 땅

똥주론
(便酒論)

 어린 시절을 시골에서 보낸 게 축복 받은 것임을, 그래서 감사한 마음이 잦아지는 걸 보면 나도 늙어 가는가 보다.

 그 시절 시골에는 '똥주'라는 민간처방이 있었다. 그야말로 사람의 대변으로 만든 술인데 우연하게 목격할 기회가 있었다.

 큰아버지께서 지게를 지다 삐끗해서 구들막 신세로 몸져누우셨는데 여러 약재로도 별무신통인지라 용한 처방으로 등장한 것이 이 '똥주'다.

 조제법이란 것이 그 당시 밭에 나가면 흔하게 있던 거름구덩이,

즉 '똥통'에서 그것도 농약을 안쳐서 구더기가 득실거리는 똥을 똥장군에 지고 와서는 무쇠 솥에서 사골 고듯 고는 거다.

역하고 더럽기만 할 것 같은데 의외로 오랫동안 고다보면 그 냄새도 어느덧 사라지고, 상층부는 마치 용암이 식어 굳은 것처럼 또는 누룽지처럼 쩍쩍 갈라지면서 두터운 딱지가 앉고 아래층은 마알간 국물이 생긴다. 이 국물을 소주와 타서 마시는 게 허리 병에 탁월하다는 '똥주'다.

그런데 기막힌 사실은 온갖 약을 썼음에도 한동안 거동도 못하고 앉은뱅이 신세를 면하지 못하던 큰아버지께서 이 '똥주'를 상복하신 다음 자리를 털고 일어나셨다는 거다.

그러고 보면 세상에 버릴 것은 하나도 없다는 말이 맞는 말 같기도 하다. 사람이 만들어낸 것이 아니라면 말이다.

똥주를 만드는 똥 역시 혹시라도 농약을 친 거름구덩이의 것이어서 구더기가 안 보이면 쓰지 못한다.

구더기까지도 쓸모가 있는데 사람 이롭자고 만든 농약은 이렇게 마지막까지 골칫거리다.

어떤
연구

미국에서 1,500명을 대상으로 20년 동안 직업과 부와의 상관관계를 두 그룹으로 나눠 연구했다고 한다.

직업 선택 시 돈에 주안점을 두고, 하고픈 일은 미룬 83%의 A그룹.

돈보다는 자신이 하고 싶은 일을 최우선으로 직업을 선택한 17%의 B그룹.

이들을 20년간 추적 조사한 결과, 백만장자가 101명 탄생했고, 놀랍게도 단 1명을 제외한 100명이 B그룹에서 나왔다 한다. 이를 두고 자신이 하는 일에 흥미를 못 느끼면 절대 성공할 수 없다는 근거로 제시하는 글이었는데….

선뜻 공감이 가지 않는 것은 완벽한 B그룹인 내가 성공이나 부자하고는 너무나 먼 삶을 살고 있어서일까?

아니면 성공한 삶의 정의가 나와는 달라서일까?

오소리
강

"쌍(雙)자 용(龍)자"를 쓰셨던 할아버지셨다. 돌아가신 아버지가 들려주시던 이 이야기의 첫 시작은 늘 이렇게 시작됐다. (할아버지대는 '용'자 돌림)

그렇게 당신께서 들려주셨던 봉오동전투 홍범도장군의 부관역으로 독립운동을 하셨다는 큰할아버지의 영웅담은 시작이 그러했듯 한결같은 마무리로 끝을 맺었다.

그런데 전체 스토리의 중간 부분은 잘 기억나지 않는데 희한하게도 처음과 마지막 마무리 부분은 또렷하게 남아 있다.

"…그래서 언제나 조국을 그리워하고 잊지 않으셨던 큰할아버지께서는 슬하의 삼형제 이름을 저 강을 건너가면 내 나라, 내 땅이다 하여 그 강 이름 *오소리 강(江)의 오. 소. 리를 따서 오근, 소근, 리근으로 지으셨다. (아버지대의 돌림은 '근'자)"

아마, 쉽사리 잊혀지지 않는 건 독특한 그 강 이름 '오소리'와 연상되는 그분들 이름의 유래 때문인 듯도 싶다.

그리고 실제 아버지는 그 삼형제분들의 후손이 중국에서 방문하면 열일 제쳐두고 챙기셨는데 그분들 중 한 분은 꽤 오랫동안 지방 모 대학교에 재직하기도 했었다.

이렇듯 뜬금없이 내 집안의 소사(小史)를 끄집어낸 것은 3.1절을 맞아 서울 시내를 활보하는 태극기 물결을 보고 심경이 착잡하기 이를 데 없기'때문이기도 하려니와, 얼마 전 '고려인'으로 한국에서 시민의 모금으로 치료를 받았다는 사연을 뉴스로 접하면서 '왜 그분들이 근본적으로 해방된 조국의 국가적인 차원의 관심과 보호를 받지 못하는가?'하는 분노가 치밀었기 때문이다.

친일파의 후손들이 이 사회 각계각층에서 상류층을 이루고 호의호식하며 군림하고 있는 지금. 한국으로 어렵사리 건너와 그 최하층을 이루고 그들의 부림을 받고 있는 '조선족', '고려인'이야말로 진정으로 민족과 나라를 위해 모든 것, 가족마저 내던지셨던 애국열사의 자손들이니 아니 그러한가 말이다.

그들의 선조들은 어떤 분이셨는가.

조선족은 1860년경 압록강과 두만강을 넘어 항일독립운동의 발상지인 중국 간도와 연해주 일대로 이주한 독립군들의 후손이며 그들의 선조가 청산리, 봉오동 전투의 승리 과정에서 한겨울 눈물겨운 지원을 했었고, 두 대첩 후 일제의 악랄했던 보복과 만행을 감당해야 했다. 결국 그들 모두가 독립운동가인 것이다.

또한 고려인은 1860년대 초 무렵 연해주 지역으로 이주한 조선인들이 시초이며 일제의 온갖 핍박과 압제에도 불구하고 러시아를 조선 독립운동의 피난처로 만들고 시베리아와 연해주를 독립군 양성의 터전으로 가꾼 분들의 후손이다.

조선인, 고려인 그들의 선조가 목숨을 버려가며 지켰던 조국이 이제 와서 그들을 따뜻하게 맞이하고 품어주지 않으면 지금 이 나라 어느 누구에게 애국심을 바랄 수 있을까?

*오소리강(江) - 러시아 연해주와 만주 사이를 흐르는 강

이 남자가
사는 법

꽤 오래된 얘기다. 그 당시는 외국 출장이 잦았던 시기였다.

한국의 디자인 관계자들로 이뤄진 30여 명의 우리 일행은 연례적으로 개최되던 라스베이거스의 전시회 참관을 위해 공항에 도착해서 버스로 호텔에 도착했다.

그런데 안내를 맡아야 할 가이드가 무슨 일인지 한참 자리를 비우고 보이지 않았다. 오랜 비행에 지친 나를 비롯한 일행을 위해 내가 나섰고, 프런트에서 동행한 이들의 룸 키를 받아서 나눠줬다는 다소 싱거운 에피소드인데….

정작 얘깃거리는 지금부터다.

한국에 돌아온 이후 나는 우리 회사를 비롯한 그 모임(출장일행들이 의기투합 결성한) 멤버들 사이에 도는 요상한(?) 소문을 듣게 된 거다.

"○○○의 문실장이 그렇게 영어를 잘한다며?"
"원어민 수준이래. 대사관 직원보다 낫다던데…."

어찌된 영문인지 알아보니 일행 중에 미상공회의소 소속 직원(한국인)이 있었는데 어찌어찌 대사관직원으로 각색이 되어 있었고, 내가 영어 능통자가 된 이유는 라스베이거스 출장 당시 로비 먼발치서 프런트에서 호텔리어와 대화를 나누고 일행의 룸키를 들고 와서 나눠줬던 나를 지켜보던 그들이 나를 영어에 능통한 것으로 판단한 것이었다.

어찌되었건 나는 그 과장된(혹은 잘못된) 소문에 대해 일체 언급을 하지 않았고, 미국 유학을 다녀온 주변인들도 나를 달리 보게 됐다는 사연이다.

고백컨데 지금도 두 문장 이상 연결되는 회화가 어려운 그야말로 요즘 초딩 수준의 실력으로 외국을 다니는 내가 그 당시 한 영어회화는 이거다.

프런트로 성큼성큼 다가가서(이럴 때 쫄면 안 된다. 경험상….)

나 - "Hi~! I'm from Korea"
안내 - "$%~+₩^~ "(인사였겠지~^^)
나 - "Key please~ Room key!"
안내 - "#@$%~+₩^~"
(뭔 말인지 몰랐지만 그날 30명이 넘는 인원, 그것도 한국인이라 밝혔으니 그 시간 예약된 방이 우리밖에 더 있겠는가?)

그리고는 또 뭐라 뭐라 그러면서 서류를 내밀기에 보니 Name, Passport, Signature 등등 다 아는 단어여서 당당하게 긁적거렸다.
그랬더니 "OK!" 하면서 카드키 뭉텅이를 건네줬다. 그 이후야 뭐 다 한국이름 영문으로 카드키가 든 작은 봉투에 적혀있으니 그대로 호기롭게 한 명 한 명 불러서 나눠준 것이고…. 그날 내가 호텔 프런트에서 한 영어회화는 위에 적힌 몇 마디가 전부였던 거다.
물론 지금도 탁월한 보디랭귀지와 몇 마디 단어조합으로 용감하게 해외를 쏘다닌다. 그리고 누구에게나 당당하게 강변한다.

"내가 지들 말 못하거나 지들이 내 말 못 알아듣는 거나 매한가지 아냐? 내가 지들 나라 왔으면 손님인 내 위주로 맞춰야 당연한 거지…."

수박 한 덩이
골목길 단상

어린 시절 마주오던 두 사람이 서로 어깨를 비스듬히 해야 지나칠 수 있는 골목길에서 자란 나로서는 몇 발짝마다 들어선 카페와 식당으로 메워진 거리와 목을 젖혀야만 보이는 아파트군락이 무척 낯설 때가 있다.

그 골목에서 돗자리를 편 동네엄마가 학교에서 돌아오던 우리들을 불러 앉혀 점심을 챙겨 먹였다. 여름이면 수박을 썰어주었고 미숫가루를 타주며 손부채를 해주었다.

온 동네 아줌마들이 동네엄마였고 골목이 맞닿는 큰길가에 늘

놓여있던 평상에서 막걸리로 하루를 접던 동네 아저씨들은 모두 우리들의 아버지였다.

밤늦은 숨바꼭질을 그치게도 하고 버릇없다, 착하다 꾸중과 칭찬으로 우리를 다루셨다.

그래서인지 나와 동무들은 쉰을 몇 해나 넘긴 지금도 고향동네에서는 손가락에 담배를 끼우고 다니지 못한다.

갑자기 더워진 날씨에 시원한 수박 한 덩이를 앞에 두고 옛 기억이 뭉글뭉글 피어오른다. 나는 아직 카페의 아이스 카라멜마키아또보다 골목의 미숫가루가 그립다.

그렇게 그 골목이 나를 그리고 꼬맹이들을 제대로 된 어른으로 키웠다.

널찍한 아스팔트 도로와 카페가 들어찬 거리가 키우는 우리 자식들은 인스턴트일 수밖에 없겠다.

산다는 게

자꾸 "이 정도면 됐어"란 말이 자주 튀어나온다.

이 정도면 됐다란 말의 속내가 "이 정도밖엔 못 해" 또는 "이 정도가 어디야"라는 자기패배감 혹은 저열한 자기만족의 다름 아님을 모르는 바 아니건만, 부지불식간에 뇌의 통제를 받지 않고 혀부터 굴러가는 게 늙어가는 징표 같아 씁쓸하다.

언제 "이 정도 가지곤 안 돼" 하고 나를 다그치고 몰아쳤는지 기억마저 가물가물하다.

유난스런 취미생활

"이제 그만~."

아내는 하나둘 늘어가는 수초어항과 테라리움, 석부작과 이끼에 연이어 경고장을 날리는데도 사전 상의도 없이 날다람쥐 한 쌍까지 들여다 놨으니….

이제야말로 자칫 한 걸음 잘못 내디뎠다간 쫓겨날 것만 같아 몸을 사리던 중이었는데, 그 버릇 어디 갈까. 디자인숍을 기웃거리다 그 물건을 봤다. 잠시 혹해서 손길이 갔다가 이내 제자리에 두고 나왔지만 뒷맛이 개운치가 않다.

투명한 유리관에 담긴 초록식물이 싱그럽다.

이제는 사냥한 동물 사체로 박제를 하다못해 이렇게 식물까지 박제를 하는구나 싶기도 하고, 평소 싫어하던 미니어처 화분이 액세서리처럼 취급되는 시대를 살고 있구나 싶어 서글퍼진다.

동물이든 식물이든 제자리에 있지 않으면 손길과 정성이 많이 가야만 한다. 잠시 귀엽다고 예쁘다고 소장한다는 건 어쩌면 죄악을 잉태하는 것일 수도 있다. (새끼 때 분양받아 키우다 휴가철이면 버려지는 반려견과 아파트 이사철이면 수북이 쌓이는 버려진 화분처럼….)

정성과 사랑 그리고 자연에 대한 경의와 깊은 이해를 수반하지 않으면 누리려는 욕심도 버려야 마땅하다.

작은 풀 한 포기, 이끼 한 조각으로부터 증식을 거듭하는 과정에서 느끼는 희열(그것들이 원하는 상태를 맞췄다는 것이므로)과 가을에만 나는 도토리를 냉동고에 비축해서 신선한 상태로 제공하고 그 녀석들이 노는 것을 유심히 관찰해서 가장 적절한 환경을 만들어주려는 노력이 있어야 누릴 수 있고 즐거움을 향유할 자격도 주어진다.

나라의 어른

언젠가 이승만 국부론이 쟁점이 되어 온 나라가 시끄러웠던 적이 있다. 그 당시 국부까지는 아니더라도 '나라의 어른'으로 모실 분이라도 많았으면 하는 바람을 가졌다.

나는 이 나라 오욕의 역사를 온몸으로 관통한 김복동 할머니를 기억한다. 순사의 겁박에 15살 어리고 여린 살이 찢기고 헤져 그 검붉은 딱지 위에 성노예의 주홍글씨를 새기고 평생을 짊어진 역사의 피해자이자 무능하고 힘없는 이 나라가 지켜주지 못한 여인이셨다.

그 지난하고 돌이키고 싶지 않은 고통스런 세월 속에서도 끈질

긴 민초의 생명력으로 살아 남으셨고, 지금은 그 들꽃 향으로 시대의 아픔을 얘기하고, 인류의 사랑을 실천하신다.

가해자의 불행에 손을 내미는 진정한 용서와 사랑을 보여주고, 내 동포, 자손들의 아픔과 고통에 당신이 가진 모든 것을 기꺼이 내어놓으신다. 그들이 곧 독신인 당신의 피붙이요, 삶의 의미라 말하신다.

이 시대의 참 어른이 아닐 수 없다.

나는 당신을 칠흑 같은 어둠과 고통 속에 몰아넣고도 반성조차 없는 나라의 재앙에 마음 아파하셨던 김복동 할머니를 생각한다.

불편한 몸이라 직접 다녀가지 못해 미안하다시며 은행에서 찾아온 봉투를 내놓으시는 할머니야말로 자신이 겪은 역사의 아픔을 사랑과 나눔으로 승화시키는 참다운 '나라의 어른'이다.

할머니의 개인적 소원은 '다시 태어나서 족두리 쓰고 시집가는 것'이라고 말씀하셨다.

* 김복동 할머니는 일본의 진정어린 반성을 촉구하는 와중에도 2016년 일본 지진에 복구기금으로 100만 원의 성금을, 2015년에는 분쟁지역 피해아동 지원과 평화활동가 양성에 써달라며 평생 모은 전 재산 5,000만 원을 기탁했고, 2017년 포항지진 피해자들을 위해 정부의 생활지원금을 모은 1,000만 원을 기부하셨습니다.

인간이라는
동물

　불구덩이에 속에서 온 몸이 타고 있는데도 웅크리고 몸을 펴지 않아 의아해했더니 품 안에 어린 새끼를 품고 있던 천산갑의 모성애가 외신에서 소개됐다.

　아무리 책상 다리와 비행기를 빼고는 모두 식재료로 쓴다는 중국이지만, 굳이 멸종위기 종을 잡아 높은 사람들 만찬에 내놓은 그 무지함과 잔악함에 소스라친다.

　땅바닥에 수없이 내동댕이쳐지면서도, 비늘이 불에 타서 살덩이가 떨어지는데도 살리려 했던 그 새끼 천산갑은 이후에 어떻게 됐을까?

프랑크푸르트 중앙동물원에는 재미있는 코너가 있다고 한다. 거기에는 뚜껑에 덮인 조그마한 창 옆에 '현존하는 가장 강력한 동물, 수없이 많은 동식물을 멸종시키고 있으며 주거 환경을 황폐화한다'는 내용의 경고문이 쓰여 있다.

그 창을 열면 거울뿐이다.

바로 나. 인간이 있다.

지구상에 존재하는 가장 쓸모없고 해악을 끼치는 동물이 인간이 아닐는지…. 오늘도 기도하는 마음으로 살아야겠다.

가는 날까지 그대로 두고 갈 수 있기를….

어떤 깨달음

오래 전 직원을 뽑을 때 면접을 본 그 친구가 기억난다.

나는 실무책임자로 참석한 자리였다. 경력직에 지원한 그는 이전 직장의 퇴직사유를 대표가 사기죄로 구속되며 회사가 망했기 때문이라고 했다.

대표 - "그럼 이전 직장에서 얻은 게 별로 없었겠군요?"

지원자 - "아닙니다. 인생의 큰 깨달음을 얻었습니다."

당연히 정직하게 살아야겠다든지 하는 대답을 예상할 수 있었다. 그런데….

대표 - "그래 어떤 깨달음이었나요?"
지원자 - "그 사장은 지금껏 만나 본 사람 중에 가장 부지런했습니다. 그래서 '사기를 쳐도 부지런해야지 게을러선 그마저도 못 해먹는 거구나'를 배웠습니다."

제 점수는요….

"합격!"

추석이면

 한 해를 추수하듯 이제껏 키워온 생각을 암만 털어 봐도 제대로 영글어진 낱알이 하나도 쥐어지지 않습니다.
 그래도 숱한 가을을 맞이하고 보냈었기에 이대로 길고 추운 겨울을 못 견딜 거란 암울한 자조는 하지 않으렵니다.
 지금껏 그래왔듯이 지나온 가을의 낙엽을 긁어모아 불사르고 그 재를 뿌리짬에 묻어둔 탓에 움트는 봄을 맞을 희망 정도는 있기 때문이지요.
 언젠가는 켜켜이 재워 묻어버린 추수의 미진한 수확물이 뿌리를 살찌우고 줄기를 키워 한 겨울 추위에도 이파리 하나 떨구지 않는 나무가 될 겁니다.

군대
폭력

88올림픽의 열기가 사그라진 초겨울 그즈음이었다.

졸병을 벗어나 한고비 넘겼다 싶을 땐데 어김없이 그날 밤 "전체집합"이 하달됐다. 하기야 안 맞고 잠들라치면 오히려 불안했던 시절이니 차라리 잘됐다 싶기도 하련만 강원도 화천의 서늘한 밤공기는 그날따라 예사롭지 않았다.

하필이면 "4종 창고 전체집합"이다.

두꺼운 군용 갑바천으로 세운 천막창고인 그곳은 으슥해서 낮에는 주로 고참들이 간부들 눈을 피해 짱 박히는 용도로 쓰이는데 점호 후 야밤에 집합이면 대충 끝나는 법이 없어 나 같은 졸병에겐 염라대왕 호명만큼 피하고 싶었다.

등화관제로 칠흑 같은 밤 천막 안.

으레 고참부터 말단졸병까지 그 어둠속에서도 일렬로 정렬을 하면 최고참 기수의 낮고 음산한 훈시가 이어진다.

이어서 들리는 "담배 일발장전!" 시작을 알리는 신호다.

흡사 '사형집행 전 담배 한 개비를 입에 물었을 때 심정이 이러하겠지' 하는 생각을 했던 것 같다.

정적과 까만 어둠 속에서 도로 가로등처럼 빠알갛게 타던 그 붉은 빛. 한 번씩 빨아댈 때마다 더 밝아졌다 어두워졌다를 반복했던 그 담배 불빛을 지금도 잊지 못한다.

"소등!" 이제 집행만 남았다.

그 시절 군복무 한 이들은 알겠지만 군대 기합이란 게 그렇다. 인정사정도 없고 이유가 합리적이지도 않다. 다만 서열대로 기수 따라 차례로 내려오는 구타라는 점만이 정확할 뿐이다. 윗기수가 바로 아래 기수를 기합주면, 정확히는 "구타"를 하면 때린 기수는 퇴장하고 그 다음 기수 차례. 그런데 천막을 나가며 날리는 멘트가 웃기지도 않다.

"애기들 살살하고 들여보내."

그것이 막 두들겨 맞아 독이 오를 대로 오른 놈들에게 통하겠는가? "퍽! 빡! 쿵!" 내려올수록 강도는 더 세지고 비명이나 신음소리도 내선 안 된다. 괘씸죄로 매만 더 벌 뿐이다.

그런데 참 이상한 것이 한치 앞도 보이지 않는 상황에서 그 소리가 차츰 가까이 다가올수록 등골이 서늘하고 솜털이 곤두서는 느낌. 차라리 빨리 내 순서가 되어 이 순간이 끝났으면 하는 절박함과 공포. 그 공포는 어디서 날아오는지 모르는 주먹, 구둣발이 주는 통증을 이기고도 남았다.

아니 통증은 느껴지지도 않고 오히려 이제야 맞이했다는 묘한 희열, 이제 곧 내 순서는 지나갈 거라는 안도감이 나를 평온하게 했다.

인간은 약하다.

인간은 무도한 폭력에도 순응하게 되는 한없이 약한 존재라는 걸 군대에서 알게 됐다. 하지만 폭력과 전쟁으로 얼룩진 인간의 역사일망정 조금이라도 전진하고 있다면 그것은 자신의 상처를 되돌려주려는 옹졸함을 떨쳐내고, 폭력에 젖어들지 않는 선한 의지를 가진 인간들이 더 많기 때문임도 배웠다.

그렇게 구타에 단련된 내가 고참이 되어서까지 단 한 차례 손찌검을 하지 않고도 제대할 수 있었다는 게 그 증거다.

여자들이
싫어하는 이야기

그 이름만으로도 불온한 상상을 불러일으키는 강원도 화천군 '사창리'에서 군복무를 했다. 주둔지가 남한에서 가장 춥다는 화악산 자락에 있어 한겨울 초소 밤 근무를 다녀오면 눈 주위만 뚫린 방한용 마스크가 꽁꽁 얼었다. 그렇게 관물대에 올려두면 한참을 두상모양을 유지하다 녹으면서 주저앉곤 했다.

그 당시 내무반에는 석탄가루를 물에 개서 때던 빼치카가 있었다. 봉분같은 빼치카에 *깔깔이만으로 겨울을 나며 뜨뜻하게 등을 지지던 고참시절의 호사스러움을 그 이전에도 이후에도 누려보질

못했다.

바깥바람이 차가우니 *특찬 한 가지쯤은 더 담아온 식판으로 내무반에서 식사하는 것은 당연했고, 제대를 기다리는 설렘과 걱정으로 밤잠을 설치는 밤이면 불침번더러 *빼당을 불러오라 했다.

취사병이 짱 박아둔 돼지고기나 닭고기를 석탄가루 개던 삽에 올려서 빼치카 불구덩이에 넣어 구운 그 맛은 황홀할 지경이었다. 거기다 PX병을 깨워 가져온 소주까지 곁들이면 그야말로 금상첨화였다.

지금 생각하면 나 하나 누리는 호사에 세 사람은 아닌 밤중에 부산을 떨고 잠을 설쳐야 했던 건데 아마, 그들도 내가 제대한 후 그같은 호사를 대물림함으로써 지난 시간을 보상받았으리라.

한밤의 호사가 그런 것이라면 낮에 누리는 호사, 특히 일요일의 호사는 '채널 독점권'이 아닐까 싶다. 등을 꼿꼿이 세우고 전방만 주시해야 하는 로보캅 이등병부터 빼치카 근처를 어슬렁대는 *차기권력자들까지 아랫것들의 의사와 무관하게 내무반에 단 하나뿐인 TV를 독점한다는 것은 무한권력, 절대독재의 상징이었다.

심지어 오침을 위해 끌 때도 있었으나 불만은 있을 수 없었다. TV 바로 옆에서 이제 말귀 알아듣고, 한창 일꾼으로 성장한 일병 한 녀석이 최고참의 전담 마크맨 역을 했는데 언제나 그 녀석의 시선은 최고참의 발가락에 고정되어 있었다.

주로 뜨뜻한 뻬치카에 비스듬히 기대앉거나 팔베개를 하면서 TV를 시청하는데 다른 방송을 보고 싶을 때는 리모컨이 없던 시절이니 누군가가 채널을 돌려야 했다. 귀하신 고참이 몸을 일으킨다는 건 상상조차 불경스러운 일이고, 최고참의 발가락이 왼쪽, 오른쪽 까딱거리는 대로 그 일병이 채널을 돌렸다. 한마디로 인간 리모컨인 셈이었다. TV 바로 옆은 좋은 보직인 듯싶으나 방송을 귀로만 보는 고문 받는 자리기도 했다.

그랬던 최고참조차도 '한·일전 축구경기'만큼 어찌지 못하는 '고정프로'가 단 하나 있었으니 'KBS 전국노래자랑'이다. 멀리는 제주부터 전라도, 경상도, 충청도… 팔도병력이 다 모인 우리들이다 보니 언제 어느 순간 내 고향, 내 부모가 화면에 비칠까싶어 TV에 정신을 팔면서 울고 웃었다.

일요일. 모처럼 침대 이불 속에서 뒹굴거리다 예의 그 'KBS 전국노래자랑'을 보다보니 옛 생각이 났다.

그래도 되돌아보면 지옥을 빠져나와 천당을 경험하고, 천민생활을 거쳐 황제의 지위를 누려보는 기회를 세상 어디에서 해볼 수 있을까 그립기도 하다.

누구는 다시 군대 가는 꿈으로 가위 눌린다던데, 나는 다시 군대 가라면 간다. 단, 병장부터 시작한다는 조건으로….

거북이가 된 고슴도치

* 깔깔이 - 방한복 안에 입는 솜을 넣고 누빈 조끼 같은 노란색 방상내피.

* 특찬 - 그래봤자 텃밭에서 뽑아온 양파 쪼갠 거나 장교식당에서 훔쳐온 콩나물 무침이 다였다.

*빼당 - 빼치카 당번병. 고된 모든 경계근무에서 열외가 되고 추위와 무관하니 가히 겨울보직의 꽃이라 하겠다.

*차기권력자 - 같은 병장이라도 기수가 아래라서 윗기수 제대날짜만 손꼽아 기다리는 병사.

화상(畫像)같은 화상(華商)

인테리어 관련 사업으로 중국을 드나들며 한 프로젝트의 실무협상을 끝내고 귀국했다. 그런데 중국 측에서 보내온 계약서가 한문으로 작성되어 왔다.

원래 현지에서 영문계약서로 체결하기로 합의가 됐던 내용인데 재작성을 요구해도 이상스레 고집을 피우는 품이 의심쩍어 어설픈 자체 번역을 하지 말라 지시하고 그 당시 삼각지 근처 전문번역회사에 번역을 의뢰했다.

결과는 예상했던 대로였다.

계약서 내용 중 한 글자가 해석하기 나름이라 우리 측이 손실을 감수해야 할 수도 있다는 의견으로 어떤 글자로 바꿔야 확실한지 알려줬다. 한자는 표의문자다. 한 글자만으로 뜻이 달리 해석된다.

당연히 중국측에 이 부분을 지적하고 수정을 요구했다.

그런데 그쪽에서는 같은 의미의 글자라며 끝까지 수정을 거부했다. 더 이상 말해 무엇 하겠는가? 의도가 불순하고 고의성이 백일하에 드러났으니….

계약은 무산되고 중국 현지에 마련했던 임시사무실과 직원의 철수로 이어졌다.

이후로도 몇 차례 프로젝트 건으로 중국출장을 다녔는데 이런 경험을 통해 결론적으로 말할 수 있는 건 "중국을 제대로 알기 전에는 한 걸음도 내딛지 말라"다.

역사적으로 중국이 강성한 시기는 한국에 고난과 시련이 찾아왔다. 경계하고 또 경계해야 한다.

달리 화상이라 불릴까.

IT강국
한국에 바란다

나도 소위 '기러기 아빠'를 경험해 본 적이 있다.

그 당시에 하나뿐인 처남이 필리핀에서 십여 년째 살고 있었다. 그 덕에 아내는 남들보다 쉽게 자리를 잡아 애들 방학을 앞당기고 늦춰가며 매년 일 년의 절반 정도를 필리핀에서 보냈다.

나 역시 자주 필리핀을 찾았고 이 이야기는 초창기 일화다.

돌이켜보면 그때가 아내에겐 유일한 휴가였고 방학이었다.

그 나라말로 '아야, 아떼'라고 불리는 유모와 가정부(그들은 자신의 고유한 일 외엔 절대 손도 대지 않는다)에다 처남이 붙여준

운전사까지 감히 한국에서는 누리지 못하는 호사를 누렸으니 말이다.

나는 애들이 국제학교를 다니고 적응이 됐다 싶을 즈음 필리핀을 찾았다. 그리고 무엇보다 애들이 외국인 친구들만 있는 국제학교에서 잘 적응하고 있는지가 궁금해서 그것부터 물었더니 아내가 키득거린다.

"왜?"
"그게 말이야…."

필리핀은 더운 나라여서 새벽에 등교해서 뜨거운 오후 전에 파하게 된다. 유모의 손에 이끌려 학교를 가고 돌아오는데(웬만한 학교에는 유모들이 머무는 휴게실 비슷한 장소가 있다) 큰아이(딸)는 아무렇지도 않은데 작은 녀석(아들)은 자꾸 이마가 빨갛게 마치 누구한테 맞은 것 같은 자국이 있더란다.

유모에게 학교에서 무슨 일이 있었냐 물어도 모른다고 했다 한다. 그래서 하루는 몰래 따라가서 온 종일 애들 교실을 들여다본 모양이다.

그리고 모든 오해가 풀렸단다.

교실 밖에서 지켜보니 딸아이는 어휘가 딸렸을 텐데 수업 중에 질문도 잘하고 쉬는 시간에는 아이들과 스스럼없이 영어를 하며 잘 놀더란다.

그런데 문제의 작은 놈은 쉬는 시간에 영어는 한 마디도 안하고 되려 외국친구들에게 짧은 한국말을 가르쳐서 한국어로 전통의 '말뚝박기'를 하며 놀더란다.

그러더니, 수업시간에는 쉬는 시간에 한글 가르치랴 뛰어놀랴 힘들었던 데다 애초부터 남의 나라 말에는 관심이 없으니 푹, 아주 푸~욱 자더란다.

수업시간에는 엎드려서 이마를 괴고 자다가 쉬는 시간에는 깨서 놀고 또 이마 괴고 자기를 반복한 거다. 그러니 이마가 눌려서 빨갛게 된 채 돌아온 거다.

아무튼 십여 년이 흐른 지금 딸아이는 제일 만만한 과목이 영어고 싫어하는 수학과목이 필수가 아닌 예고를 나왔다. 작은 녀석은 가장 싫은 과목이 영어인데다 수학과 과학만 좋아하니 자연계를 선택했다.

시기와 환경, 시간과 기회가 같이 주어졌다고 그 영향이나 결과가 비슷하게 나타나지는 않는다.

우리 아이들이 헤쳐갈 시대는 지금보다 경쟁이 더 치열해질 거고 무대는 세계로 확장될 것이 분명하다,

아비로서 영어를 등한시하는 작은 놈 때문에라도 번역 소프트

웨어가 더 정교해지고, 스마트폰의 통역 어플이 획기적으로 발전하길 바란다. 굳이 다음 세대가 외국어 공부에 머리 싸매지 않아도 되면 좋겠다.

똘아이
길들이기

대학 4년간을 기숙사에 있었다. 학년별로 섞어서 3명이 한 방을 썼는데 어느 학기에 방원 중 한 녀석이 이유는 모르겠지만 아주 가끔씩 정신이 들락거렸다.

눈에 띄는 큰 사고는 없었지만 가령 자기 혼자 있는 동안 나머지 방원의 옷을 모두 꺼내 기숙사 창밖으로 내던져 놓는다든지, 아니면 주전자 물을 기숙사 방에 흥건히 엎질러 놓기도 했다.

더 환장하는 건 이런 일을 아주 가끔씩 해프닝처럼 벌이니 대처하기 무척 곤란하다는 것이었다.

어느 날 그 녀석과 단둘이 있을 때 실오라기 하나 남기지 않고 옷을 다 벗고 물구나무를 섰다. 그리고 외쳤다.

"나 똥 싼다~!"

혼비백산한 그 녀석은 기숙사 내에 내가 미쳤다는 소문을 내고 다녔지만, 그 녀석의 전력을 익히 아는 기숙사 내 그 어느 누구도 그 말을 믿지 않았다.

그날 이후 나는 그 녀석이 더 미친(?) 나와 마주치기를 꺼리고 피했던 탓에 조용하고 편안한 한 학기를 보낼 수 있었다.

1026
세상을 가른 총성

10월 26일. 1909년과 1979년 70년의 시간차를 두고 영원한 숙적인 한일 두 나라의 역사적 인물 이토 히로부미와 박정희 두 사람이 총탄에 쓰러졌다.

찢어지게 가난한 집안 출신으로 조국 근대화를 이루겠다며 '유신'을 부르짖던 지도자로 성장해 총리와 대통령의 자리에까지 올랐던 이 둘을 쓰러뜨린 거사의 주인공 역시 둘 다 대한민국의 군인이거나 군 출신이었음은 실로 역사의 아이러니가 아닐 수 없다.

한편에선 영웅으로, 또 다른 진영에선 원흉으로 그 평가가 확연히 갈리는 것조차 닮은꼴인 두 사람과 이들 반대편에 있는 두 사람.

대한민국 의병 중장 자격으로 조국 침략의 원흉이자 아시아 평화의 교란자를 총살하노라 외쳤던 안중근 의사와 한국 민주주의를 위해 야수의 심정으로 유신의 심장을 쏘았다는 육군 중장 출신 김재규가 그들이다.

역사 속 이날.

하얼빈역과 중정 안가에서 울린 5발의 총성은 새로운 시대의 시작을 알리는 신호탄이었고, 아시아와 한국을 요동치게 한 역사의 천둥소리였다. 다만 한일 양국의 엇갈리는 평가 속에서도 유일하게 양 극단에서 존경과 흠모를 받던 민족 영웅 안중근 의사의 유해만이 아직 조국의 품에 안기지 못하고 있어 안타깝고 후손으로서 죄스럽기 그지없다.

무식자의 클래식 감상

 클래식에 조예도 깊지 못하고 비엔나하면 커피와 소시지가 먼저 떠오르는 내가 그 도시의 현악 6중주 앙상블 콘서트에 가게 된 것은 예전 베를린 여행 중에 넋을 잃고 봤던 바이올린과 클래식 기타 앙상블의 길거리 공연 기억이 강렬해서다.

 최근 강의 자료로 공연장 디자인을 찾아보면서 국악에 대한 관심을 가지게 됐다. 그중에서도 보름밤 대숲 사이를 지나는 바람 같은 대금 소리에 꽂힌 내게 이름마저 생소한 바순(Bassoon)이라는 악기의 음색은 오븐에서 갓 구워져 나온 부드러운 식빵의 폭신함이거나 바이올린, 비올라, 첼로가 잘 브랜딩된 커피 위에 올려진 휘핑크림 같은 맛으로 다가왔다.

첼로는 원래의 그 차분한 성격을 좋아해 가끔 독주곡으로 책 읽을 때 켜두곤 하는데 잘은 모르겠지만 먼 데서부터 밀려오는 해변의 파도소리를 연상하게 한다.

자주 느끼는 건데 첼로나 더블베이스 연주자는 악기를 파트너로 해서 춤을 추고 있다는 착각을 불러일으킨다. 살포시 허리를 감싸고서 연신 당겼다 풀기를 반복하는데 오히려 덩치 큰 더블베이스와의 호흡이 더 거칠고 격정적으로 다가오는 건 재즈공연에서 주로 만나는 악기여서일 수도 있다.

공연을 통틀어 강렬하게 남아 있는 장면 두 컷이 있다.

한 장면은 몇 번인지는 모르겠고 헝가리 무곡 연주 때였던 것 같은데, 모든 현악기들을 일제히 가야금처럼 뜯을 때다. (인터넷 검색을 해보니 피치카토pizzicato 주법이란다.) 각각의 현악기를 그리 연주하는 건 봤어도 모든 현악기를 그리하니 독특하고 인상이 깊게 패였다.

또 한 번은 마지막 곡에서 클라리넷 연주자가 무대를 내려와 객석을 누비며 청중과 호흡할 때다. 그와 가까워졌다 멀어지면서 분명 볼륨은 줄어들었지만 또렷함은 그대로였던 게 신기한데, 그래서였나.

새벽녘 강기슭 물안개처럼 서서히 피어오르다 발랄한 아가씨의 경쾌한 걸음으로 앞장서는 클라리넷 연주에서 동화 속 아이들을 이끌고 사라졌다는 마술피리가 분명 이것일 거라는 확신을 갖게 된 것이….

유일한 한국인 멤버인 1st바이올린 연주자는 여자분이다. 조그맣고 가녀린 그녀의 활 놀림을 보고 있자니 은둔하던 고수 검객이 예리하게 벼른 검을 휘두르는 무협지의 한 장면이 떠올랐다. 그저 고요히 칼집에서 검을 빼어들었다 싶은데 주변을 에워싼 무리들이 쓰러지고 낙엽마저 베어진 채 솜털처럼 가볍게 그 위를 덮는 장면.

정말 그랬다. 하얗고 가는 팔뚝이 활과 평형을 이루며 현을 베어낼 듯 스칠 때의 그 서늘함이란….

'이도 저도 아닌', '어중간한' 비올라란 악기나 소리에 대해 내가 가진 인상은 그렇다. 정확히 아는 것이라곤 입양아 출신의 용재 오닐이 대단한 비올라 연주자란 정도다. 그런데 아니다.

매운탕에서 생선이나 무를 오래 끓일수록 배어나오는 감칠맛이 첼로고 나중에 넣는 고춧가루의 칼칼함을 담당하는 게 바이올린이라면 비올라는 끓이는 도중에 슬쩍 한 숟갈 풀어 넣는 된장 같은 존재다.

매운탕 맛을 제대로 내는 사람은 안다. 그 한 숟갈 된장의 진정한 가치를…. 감칠맛과 칼칼함을 해치기는커녕 만약 빠뜨렸다면

거북이가 된 고슴도치

어쨌을까 싶게 아쉽고 꼭 있어야 할 그런 역할이 비올라다.

물론 희끗하고 풍성한 수염에 넉넉한 웃음으로 2nd바이올린과 첼로주자와 번갈아 눈 맞추던 연주자의 인상이 한 몫 했음을 부정하진 않겠다.

눈을 감았다 떴다를 반복하며 마지막 곡까지 즐겼을 때는 알 수 없는 포만감과 기분 좋은 저혈압 증세의 아득함이 적당히 그리고 부드럽게 섞이고 있었다.

마치 진한 에스프레소커피에 크림을 넣고 한 번 저었을 때 나타나는 동심원을 보면서 5년 가까운 금연 끝에 처음 시가를 피웠을 때 희미한 초코렛향의 니코틴이 침에 녹아 목구멍을 넘어간 뒤에 남는 시장기 도는 아득함과는 분명 달랐다.

그래도 여전히 대금 배울 엄두는 나지 않는다.

아홉수

아홉이란 숫자는 참 묘하다. 앞자리에 뭐가 붙건 긴장감과 포만감을 불러일으킨다. 특히나 나이에 붙은 아홉을 보면 안다.

내 나이 19에는 어른이 다된 듯싶었고 스물이 기대되기만 했다.

29은 세상을 다 안 것 같았지만 다가올 서른을 기다리지는 않았다.

39은 더 있을까 싶을 만큼 힘들어서 마흔이 오지 않았으면 싶었다.

49이 되고부터는 남은 시간을 헤아렸고 쉰인들 상관없었다.

아직 59은 멀었다.

그런데 나는 벌써 65을 기다린다.

69이 아닌 65이다.

그때서야 나이 계급장으로 전철을 타고, 연금이 개시돼 불편한 사람과의 어색한 자리를 갖지 않아도 될 거고, 알람을 켜두고 잠자리에 들지 않아도, 아이들의 등교인사를 듣지 않아도 돼서인가 보다.

어느 때부턴가 아홉보다 다섯이 좋아진다.

내 몸엔
제어장치가 있다

직원들과 무의도로 워크숍을 갔을 때 사달이 난 거다. 새벽까지 이어진 직원들과의 과음 끝에 숙취를 날린다고 아침부터 전동휠을 타고 달리다 과속을 하는 바람에 슈퍼맨이 되고 말았다.

왼쪽어깨부터 떨어지면서 팔꿈치, 무릎을 갈았는데 반년이 지난 지금 피부의 상처는 아물었는데 정작 심각한 문제는 오십견처럼 찾아온 왼쪽 어깨가 지금도 시원찮다는 거다.

초음파로 들여다봐도 이상은 안 보인다는데 침을 맞아도, 주사를 맞거나 물리치료를 받아도 결리고 어떤 때(예를 들어 상의를 벗

다가, 또는 팔이 높이 치켜들다가) 비명을 지를 만큼 통증이 온다.

후회도 되고, 걱정도 되고, 불편도 하고, 이리저리 방법도 찾아보다 어쩌지 못하고 반 포기가 되던 중이었는데 어느 때부턴가 이마저도 예전부터 그랬던 것처럼, 원래 앓던 고질병처럼 안고 가는 내 자신에 놀라게 됐다. 아니 오히려 달갑게 받아들이고 있다는데 소스라친다.

언제나 거칠 것 없이 시도부터 하고보는 다소 무모했던 치기를, 스스로를 너무 과신해서 몸 상태보다 의욕부터 앞세우는 어리석음, 나 보란 듯이 으쓱해하고 남들에게 과시하려던 소영웅심을 컨트롤 하고 잊어버리게 하는 제어장치로 이보다 더 좋은 게 어디 있을까싶다.

더구나 잊어버릴 만하면 간헐적으로 뜨끔한 신호를 주고, 조금이라도 무리한 동작과 운동을 할라치면 찌릿한 고통으로 스톱을 걸어주니 또 다른 형태의 축복으로 여기려 한다.

그렇지 않으면 어떻게 하겠는가? 어차피 주어진 건데 마음건강이라도 챙겨야지.

외식

"오늘 뭐 드실 거예요?"

가족 외식이라도 나갈라치면 애들은 다 큰 지금도 이렇게 묻는다. 말귀 알아듣고, 말문이 트였을 대여섯 살 그 즈음부터 외식 나갈 때 차 뒷좌석에서 이 두 놈이 앞 다투어,

"아빠 피자 먹고 싶어요."
"아니, 난 짜장면."

그렇게 나대면 나는 어김없이 이렇게 얘기했다

"니들은 아빠, 엄마 식사하러 가는데 단지 따라갈 뿐이야. 그래서 메뉴는 아빠, 엄마가 정해. 식당 가서 먹고 싶은 메뉴가 없으면 집으로 돌아와서 밥 먹어. 니들이 메뉴를 정할 수 있는 날은 니들 생일, 어린이날 같은 때, 아빠 엄마가 물어볼 때야. 그리고 아빠, 엄마는 늙어서 니들보다 맛난 거 좋은 거 먹을 날이 많이 남아 있지 않아. 니들은 아직 어려서 아주 많이 남았잖니? 나중에 니들이 커서 맘껏 사 먹어. 지금은 아냐."

이랬다.
그럴 때마다 아내는 질색을 했지만….
그런데 지금은 지들끼리 나가서 먹고 싶은 거 사먹는 나이가 됐다. 아마 그때쯤인가 보다.
사진첩을 뒤지다 차 뒷좌석에 포개고 잠이 든 두 놈의 어릴 적 사진을 보고 순간 코끝이 찡해지면서 울컥했다.
무지몽매한데다 우격다짐인 아비 슬하에서도 정말 너무 잘 커줬다.
감사할밖에….

결혼
그까이 꺼

"결혼 그거 별거 아니더라"라는 말을 했다.

정작 그의 문제는 별것 아니라는 생각에서 비롯되는 듯 보였는데도 말이다. 혹시 결혼이 그런 것처럼 그 반대편에 있는 이혼도 당연히 그럴 것임을 강변하기 위해 만든 말일 수도 있다는 생각이 들었다.

나만 하더라도 결혼이란 건 정말 큰일이었다. 평생 수감당한 기분일 것 같았고, 다시 내려놓지 못할 짐을 져야 한다는 압박감이 가슴을 짓눌렀다.

오죽했으면 선인들이 혼사는 인륜지대사라 했으며 혼인을 해야 어른으로 대접하고 그제서야 상투를 틀고 비녀를 꽂을 수 있었을까.

아마도 이혼이 범람하고 홈쇼핑으로 배송된 물건 반품하는 정도로 가볍게 여기는 풍조가 결혼조차 별것도 아닌 것으로 치부하게 만든 모양이다.

대학원 후배의 아주 늦은 결혼식 날이었다.

주례가 지도교수님이시라 두 사람이 폐백을 하는 동안 나와 동기들이 식사를 모셨다. 폐백을 끝낸 신랑이 인사하러 왔다. 악수하며 건네는 교수님 멘트가 기혼자인 우리를 빵 터트렸다.

"어 그래 축하해, 아니 살아보니까 이게 꼭 축하할 일인지는 잘 모르겠지만… 아무튼 하하핫."

결혼은 그런 것인지도 모른다. 결혼한 것만으로는 축하받을 일이 아닐 수도 있다.

끊임없이 축하받는 일이 되게 노력해야 하고 그러마고 다짐하는 시작이 결혼식일 테니까 말이다.

결혼은 별거다. 참 별거다.

젤리
과자

 어젯밤 학원 다녀온 아들 녀석이 부스럭대며 아내 몰래 손에 쥐어준 젤리과자. 1년 전 북유럽 가족여행 중에 공항에서 이걸 사는 걸 보고 "어린애들이나 먹는 걸 다 큰 녀석이 먹는다"고 구박을 했었는데 하나둘 먹다보니 한국 돌아와서는 어느새 편의점에서 이걸 사고 있는 나를 발견했다.
 이후로 아내의 구박을 피해 부자간에 무슨 '동맹'이나 맺은 것처럼 사온 사람이 몰래 나눠주곤 한다.
 나로서는 이런 말 한마디 없는 둘만의 대화가 참 좋다.

후회

어린 시절 아버지는
무엇이 되고 싶었나요?

아버지가 이 세상에서
가장 가보고 싶은 곳은 어디인가요?

나와 함께 보낸 시간 중에서
가장 즐거웠던 기억은 뭔가요?

맨 처음 나를 품에 안았을 때
어떤 느낌이었나요?

파블로 네루다의 316개 질문 중에 나를 하늘에 계신 아버지와 가깝게 하는 질문들이다.

죽기 전에 세상에 떨궈논 녀석들이 나한테 물었으면 하는 말이기도 하다.

진즉에 나는 하지 못했고, 그래서 평생 후회하고 있기 때문이다.

이틀 동안
생긴 일

 남자들이란 게 그렇다. 단세포적이고 즉흥적이며 충동적일 때가 있다. 아주 짧은 시간 만에 친구가 되거나 형, 동생이 되기도 하니까. 술은 이럴 때 제 몫을 톡톡히 한다.
 이틀 전이 그런 날이었다. 생각지도 않은 동생이 생긴 날.

 "그런데 형한테 이걸 물어보면 될 것 같애."
 "뭘?"
 "둘째 딸이 초등학교 4학년인데, 날 무척 따르거든…. 근데 갑자기 사귀는 남자친구와 나 이렇게 셋이서 팬션을 가서 자고 싶다는 거야."

"그래서 너는 뭐랬어?"

"그냥 좀 머뭇거리다가 아빠가 생각해볼게, 그리고 말해줄게 그랬어. 형이라면 이럴 때 어떻게 했겠어?"

"나는 바로 대답하지."

"뭐라고 대답해?"

"응. 그러자고 하지. 그런 순간엔 대답을 미루면 안 되는 거지. 딸한텐 아빠가 남다른 존재거든. 크고, 대단한…. 그래서 곧바로 대답해주고, 나중에 정녕 잘못된 판단이다 싶으면 번복하는 한이 있어도 주저하면 안 돼."

"그럼 그렇게 셋이서 간다고? 그 집 부모가 허락해줄지도 모르잖아?"

"얼마나 좋냐. 딸이 그렇게 지 마음 가는 걸 다 말해주니 나는 반갑고 고맙겠다. 말도 안하고 모르게 해서 문제인거야. 그리고 간다고 했으면 어떻게든 따로 연락해서 허락을 받아주는 게 아빠 몫이지."

"그렇구나!"

오늘 저녁에 전화가 왔다.

"형!"

"왜?"

"잠깐만… 전화 바꿔줄게."

"?…."

"안녕하세요. 저 정현인데요. 고맙습니다…."

그 녀석이 말한 문제의 둘째 딸이다. 태권도 신동이라더니 또랑또랑한 목소리가 여간 아니게 느껴지는데다 사람을 무척 기분 좋게 만드는 어린애답지만 예의가 묻어 있었다.

오늘 그러마하고 답을 해줬단다. 새로 생긴 큰아빠(나) 얘기와 함께….

걱정할 건 없다. 걱정은 어른 몫이어야 한다. 항상.

세상 모든 건 열려 있을 때 썩지 않는 법이다. 자식이 다 드러내고 열어서 보여주는데 아빠가 뚜껑을 덮게 해선 안 되지.

한 번 덮으면 잘 안 열기 마련이다.

에스컬레이터

자주 생각하는 건데 지하철 에스컬레이터 작동은 왜 오르막 위주일까? 계단으로 오르고 에스컬레이터로 내려오는 게 건강을 위해선 최고인데 말이다.

무릎관절은 계단을 내려갈 때 몸무게의 몇 배로 충격을 받고 손상된다. 게다가 계단으로 오르는 건 다리근육을 키우는데 다시없는 운동이다.

에스컬레이터로 내려가고 싶은 나는 이 도시가 괴롭다.
반대로 도는 세상.

벚나무

저 혼자인 줄
알았더니 여럿 되어 같이 지고,

저 잘난 줄
활짝 피다 열매 위해 먼저 가니

어둔 땅 속
제 몸 박아 천년 풍랑 견뎌낸 이
뿌리밖에 더 있을까

배려

어느 추운 겨울날 부대에서 이등병이 언 손을 녹여가며 찬물로 빨래를 하고 있었다. 마침 그곳을 지나던 소대장이 이 모습을 보고 안쓰러워 한마디를 건넸다.

"김이병. 저기 취사장에 가서 뜨거운 물 좀 얻어다가 하지."

이등병은 소대장의 말을 듣고 취사장에 뜨거운 물을 얻으러 갔지만 군기가 빠졌다는 야단만 듣고 정작 뜨거운 물은 얻어오지 못했다.

다시 빨래를 하고 있는데 김이병 옆을 이번에는 중대장이 지나가다 말을 건넸다.

"김이병. 동상 걸리겠다. 저기 취사장에 가서 뜨거운 물 좀 얻어다가 하지."

김이병은 그렇게 하겠다고 대답했지만 취사장에 가지 않았다. 가봤자 뜨거운 물은 고사하고 혼만 날 것이 뻔했기 때문이다.

그렇게 계속 빨래를 하고 있는데 이번에는 행정보급관이 그의 곁을 지나게 되었다.

"김이병. 취사장에 가서 더운 물 좀 받아 와라. 나 세수 좀 하게."

이등병은 취사장에 뛰어가서 보고를 하고 즉시 더운 물을 받아 왔다. 그러자 그 행정보급관이 말했다.

"그 물로 빨래해라. 양은 많지 않겠지만 손이라도 녹일 수 있을 거야."

REMEMBER
0416

그래도 잊으셨으면

언제쯤이면 무감해질 수 있을까?

그날부터 지금까지

보이되 눈을 감고

들리되 돌아서길 반복한다.

차라리 몰랐으면

외면하자니 고역이다.
아이들의 동영상 첫 장면이
돌다돌다 새겨진다.

그때 잠시 잠깐이었는데
황급히 껐어도 패이고 스며서
그렇게 새겨지고 말았다.
기울어진 채 웃던 아이들.
안 봤어야 했다.
죄스럽고, 두렵고, 부끄럽다.

언제쯤 기꺼이 꺼내어 매만질 수 있으려나
미안하다고 어른이 정말 잘못했다고
말할 수 있는 날이 왔으면 좋겠다.

마지막 가족들이 떠난단다.
가방에는 노란 리본을 매달고 있는데,
도착한 밴드를 아내, 아이들 손목에 채워주며 그랬다.
"빼지 마라. 물에 닿아도 괜찮다니 빼지 마라. 잊지 마라.
그래야 아빠 맘이 편해."

그래도 안 편할 거란 걸 안다.

영원히….

잊으셨으면 좋겠다.

그래야 덜 아플 테니까.

안 되는 것도 안다.

영원히….

그래도 좀 쉬셨으면….

비쿠냐와
캐시미어

 페루 산악지대에는 비쿠냐라고 하는 낙타과의 작은 동물이 산다. 비쿠냐 털은 세계 어디에서도 볼 수 없는 가볍고 따뜻한 천연 섬유인데 워낙 성격이 예민해 과거엔 죽이지 않고는 도저히 털을 얻을 수 없어 결국 멸종 위기에 놓였다.

 하지만 로로피아나라는 이태리 브랜드는 1997년부터 페루 정부와 파트너십을 맺어 비쿠냐를 죽이지 않고 털을 깎아 제공하는 원주민에게만 원사를 구매하는 프로젝트를 시작했다.

 좋은 가격 조건을 내거니 원주민들이 비쿠냐를 죽이는 대신 긴

끈을 이용해 비쿠냐를 한곳에 몰아넣는 '차크'라는 의식을 통해 털을 깎기 시작했다. 이 프로젝트를 통해 페루의 비쿠냐 개체 수는 점점 늘어났고 로로피아나는 비쿠냐 섬유를 판매하는 세계에서 몇 안 되는 브랜드가 됐다.

캐시미어 역시 인도적인 방법으로 채취한다. 일반 캐시미어보다 더 고급 원단인 베이비 캐시미어는 3~12개월 된 새끼 염소를 빗질한 후 빗에 붙어 있는 속 털만 골라 사용한다. 이때도 염소가 공포심을 느끼지 않도록 주인이 직접 빗질을 한다.

그런데 비쿠냐 털로 짠 스카프 한 장이 700만 원을 호가하니 나 같은 서민이야 엄두를 못 내지만, 이왕 럭셔리 소품에 목을 매고 가지고야 마는 부자라면 이런 생산방식을 통해 만든 제품을 사주는 것도 괜찮겠다.

연애가 별건가

원하든 원치 않든 사방에 설치된 CCTV의 주목을 받고 사는 이 시대에 북한병사의 탈북과정까지 보게 될 줄은 몰랐다.

그런데 정작 화제가 된 건 요즘 보기 드문 회충이다. 의학계에서는 현대인의 회충이 사라지면서 이전에 없던 알러지 질환이 발생하기 시작했다는 추론을 두고 역학관계를 파악하고 있다고 한다.

초등학생 시절 채변봉투를 들고 등교하던 기억을 가진 나로서는 그리 혐오스런 장면은 아니었다. 아니 오히려 반가웠다고나 할까.

"넌 참 희한해…. 무슨 재주를 피우는 거냐?"
"가르쳐 줘?"
"응!"

그 녀석은 강원도 촌놈인 대학 동기였다. 그리 잘생기지도 훤칠하지도 않았던 내가 연애에 있어 탁월한(?) 전적을 보이는 것에 신기해하며 물었다.

우리들은 여성자원부터 빈약한 삭막한 공대생이니 언행이 세련됨과는 거리가 먼 데다 행색마저도 추레했다.

그런데 어쩌다 영문과, 불문과 등 여학생 비율이 높은 인문대에서 교양과목이라도 들을라치면 휴게실에서 눈길 가는 여학생을 두고 내기를 벌이기 일쑤였다.

주로 먼저 말을 건네고 애프터 신청을 해서 데이트에 성공하면 나머지가 술을 사는 내기였다.

가끔은 나이트클럽 비용을 내주기도 했는데 단연코 나의 성공 확률이 높았다. 그러니 그 비결이 무척 궁금했던 모양이다.

"음… 너 저기 있는 여학생 보이냐?"

나는 멀찌감치 떨어진 창가 테이블에 앉은 여학생을 가리켰다.

"응."
"어떻게 보이냐?"
"와우 너무 이쁘다. 콧대 높겠는데. 올리비아 핫세 닮았다야."
"니가 말이라도 건넬라면 어떻게 하겠냐?"
"글쎄 뭐라고 얘기해야 할지 고민하겠지. 근데 쟤는 좀 어려워 보인다."
"왜?"
"이쁘잖아. 저런 애들은 너무 도도해서… 쩝."
"나는 처음부터 쟤가 화장실서 똥 싸는 거 상상하고, 뱃속에는 기생충이 득실거리며 가죽을 벗기면 우리랑 똑같이 해골바가지라서 구분도 쉽지 않을 거야, 라는 생각으로 대하거든."
"진짜?"
"응. 그럼 쉬워져. 별거 없어. 다 똑같애. 포장만 틀린 거지."

치기어린 젊은 날. 나로 하여금 연애의 고수(?) 타이틀을 안겨준 건 이렇듯 누구나 속에 품고 살던 분변이고 기생충이었는데, 그 똥과 회충이 화제가 되고 뉴스거리가 된 세상이 됐다.
그리고 지금 나는 껍데기는 아무 소용없다는 그 젊은 날의 깨달음과 더불어 채우지 못한 내면을 더 안타까워하고 고민했어야 했다는 후회를 안고 사는 중년이 됐다.

후회 없는 삶이 과연 있을까?

문득, 숙맥이던 그 녀석이 이후로 누구와 데이트를 성공하고 결혼했는지 궁금해졌다.

그때 내 조언이 주효했을지도 궁금하고···.

시인과
의사

나는 문학과 의학을 모르지만

시가 산문보다 페이지가 적다고

책값이 싼 이유와

의사의 따뜻한 눈길보다

차가운 초음파 로션 값이

훨씬 비싼 이유를 죽는 날까지 모를 거다.

그대의 죽음을 슬퍼한다
(신문지방新聞紙榜)

    학창시절 국어선생님은 글을 잘 쓰고 싶으면 '신문의 사설'을 꾸준히 읽으면 된다고 말씀하셨다.

    그 뿐이랴. 지금 내가 아는 한자는 초등학교 시절 아버지 어깨너머로 깨친 신문 속 한자가 전부다. 그렇게 내 지난 기억 속 신문은 매일 배달되는 학습지였고, 사설은 세상을 향하는 창이고 진리였다.

    이제 신문 기사에 한자는 사라지고 알 수 없는 신종 사자성어와 영문 이니셜이 대신하고 있다. 서글프다.

오늘도 사설을 읽는다.

읽으려는 게 아닌데, 습관처럼 눈길이 간다.

그리고 어제처럼 그제처럼 절망한다.

눈물이 난다.

어릴 적 정론이라 믿었던 글들이다.

지금은 전단지 문구만도 못한 주검이 되어

나뒹굴고 있다.

이제 미뤘던 그대의 제사를 지낸다.

자식이란

새벽 2시다.
재수하는 딸의 부름으로 도심을 관통한다.
내년이면 이 추운 날에도 반팔 차림으로
거리를 누비는 저 아이들 틈에 있을 테지.

언제는 더울까봐 지금은 추울까봐 걱정되니
자식이 '애물단지'인 것만은 만고의 진리다.

타자마자

"아빠 상큼하게 달려~!"

아이의 한마디에 불현듯 오래전 그 날
우리 부부를 감동시켰던 사건이 떠올랐다.

그해 겨울, 첫눈이 왔다.
아이는 제법 말이 또렷해질 즈음이었다.
창턱에 매달려 있던 아이가 그랬다.
눈을 동그랗게 뜨고 내리는 눈을 손짓하며 그랬다.

"엄마! 엄마! 눈이 막 달려와요~. 하얀 눈이 ○○이한테 막 달려 와요~!"

바람에 날리는 눈발이 제 눈에는 자신을 향해 달려오는 걸로 느꼈나보다.

지금도 아내는 가끔 그날 아이의 그 말을 꿈꾸듯 눈을 감고 되뇌인다.

그때 그 즈음에, 품안에 들어올 때 자식이 할 수 있는 효도는 모두 다한다는 옛말도 어김없이 맞는 말이다.

소통

사람 간 소통이란 게
무전기 사용법과 비슷한 겁니다.

서로 채널도 맞춰야 하지만
한편이 꺼져 있으면
어떻게 해볼 도리가 없거든요.

세상에는 꺼놓은 지

오래된 무전기가 많습니다.

켜드리고, 볼륨도 올려드립시다.

세 사람

지인 중에 정확히는 아내와 절친한 여동생 남편이 구속된 모 재벌 후계자의 비서다. 그것도 아주 사소한 개인사, 일정까지 챙기는 수행비서다. 지금껏 전해들은 얘기를 종합하면 그는 대단한 인물이다.

고매한 인품, 조용하면서 강력한 리더십, 탁월한 애국심, 국제적 경영감각, 언제 잠이 드는지 짐작조차 할 수 없는 성실함, 부하직원의 생일, 심지어 자신 때문에 자식노릇을 못하는 비서의 부모님 여행까지 챙기는 세심함과 배려심까지 내가 들은 그의 일화만으로 위인전 한 편은 쓰지 싶다.

후배 중에 호형호제하는 민주노총 소속 직장노조위원장이 있다. 소주 한잔 기울이는 자리에서 듣는, 역시 구속된 모 위원장에 대한 흠모도 이와 크게 다를 바가 없다.

세상을 보는 눈은 전혀 딴 판인 두 사람이 그들이 따르는 누군가에 대한 숭앙은 닮은꼴인 것이 신기하기조차 했다.

재벌 후계자를 지근에서 모시거나 모 노조위원장과 노동운동을 같이 한 그들은 두 사람을 내밀한 과거부터 현재까지의 삶까지 어느 면에서나 열심히 그리고 모범적으로 살아가는 다소 이상적인 모습으로 그렸고 표현했다.

비서와 동지였던 그들에게 두 사람은 진정 어떤 존재일까 궁금해졌다.

한동안 매일 만났었고, 지금은 일주일에 두 번 정도는 항상 만나서 속 깊은 대화를 나누는 오래된 지인이 있다.

나보다 나이는 두 살 아래고 사회에서 만나 서로 공대를 하는 사이지만, 실은 내가 마음 깊이 존경하는 사람이다.

그 시절 모 대학 총학생회장 출신으로 운동권의 요주의 인물로 서슬 퍼런 공안정국에서 경찰도, 검찰도 아닌 안기부 요주의 검거대상으로 숨어 지내다 체포되어 3년을 복역하고 출소했다.

스스로 입에 담지 않는 그의 수형생활은 서로의 삶과 일상을 얘기하던 중에 녹아 나오거나 묻어나온 터라 조각모음으로 알고 있었다. 사형수와의 만남이나 컵라면 용기에 키워 전했던 민들레 화분까지.

어느 날 다른 때와 마찬가지로 점심식사를 하고 둘이서 거리 산책을 하다가 수년 동안 묻지 않았던 얘기를 꺼냈다. (지금도 왜 그랬는지 모르겠다.) 검거되어 안기부 대공분실에서 어떤 일이 있었는지를 물었던 거다.

"고문은 심했었나요?"
"글쎄요. 견딜 만큼…. 일단 잠을 안 재우니까요. 그리고 시간을 가늠하지 못해 저만의 표식으로(들었는데 구체적인 방법은 잊어버렸다.) 지나가는 날짜를 새겼는데 그마저도 깜빡하면 몽롱해져서…."
"그래도 그리 심한 구타나 폭력은 없었나봅니다."
"심한 구타를 당한 기억은… 글쎄요. 죽여 버리겠다는 얘기는 수없이 들었죠…. 그런데 소장님!"
"네?"
"저는 지금도 민주주의를 다 모르지만, 거기서 민주주의란 이런 거구나, 그래서 위대한 거구나 깨달았습니다."
"무슨 말씀인지?"

"그들이 항상 입버릇처럼 그랬습니다. '너 같은 건 예전 같으면 벌써 죽여 버렸다고' 그리고 '옛날처럼 고문했으면 너는 벌써 불었다'고…."

"아… 네~."

"제 선배들은 실제로 그 안에서 고문당하고 죽었거든요. 그래서 그 사람들이 저를 손대지 못했습니다. 그 죽음이, 그때 흘렸던 피가 저를 보호해준 거죠. 민주주의란 게 이런 거구나. 그래서 민주주의를 외쳐야 하고, 민주주의는 느리지만 위대한 거구나. 그게 제가 느낀 민주주의입니다."

출소 후 잠시 정치권에 머물다 늦은 나이에 전혀 다른 분야의 공부를 하고 지금은 그 분야 전문가로, 또 대학 강단에 서고 있는 그다.

수형생활 동안의 무지막지한 독서량에 지금도 손에서 책을 놓지 않는 그이지만 세상사, 더구나 현실 정치얘기를 먼저 꺼내는 걸 본 적이 없다.

그의 얘기엔 오랜 숙성을 거친 와인 향이 나기도 했고, 곰삭은 젓갈 맛이 나기도 하지만 언제나 맛나고, 입안을 헹구지 않아도 되는 개운함이 있다.

이런 사람, 그의 삶을 존경한다. 지난했던 과거와 소박한 현재

거북이가 된 고슴도치

그리고 앞으로도 그다지 큰 변화는 없을 듯싶은 그를 곁에서 지켜볼 수 있다는 생각만으로도 나는 행복하다.

  그는 내게 그런 사람이다.

꽈배기 철학
/ 행주산성 01

  3,500원 짜리 칼국수와 수제비를 먹으러 부평시장까지 내달렸다. 5,000원 짜리 아메리카노 커피와 강변을 즐기러 행주산성에 있는 카페로 왔다. 강변을 바라보며 즐기는 5,000원 짜리 커피와 3개 1,000원하는 시장통 꽈배기의 어우러짐이 절묘한 오후다.

  세상은 이런 게 아닐까?

  음식값보다 비싼 주차비와 통행료, 기름값을 물고도 그곳을 찾아야하는 이유가 있고, 바다 건너온 비싼 쓴 물에 싸구려 기름에 튀긴 달콤한 시장통 꽈배기가 뒤섞이는 세상.

십자가
/ 행주산성 02

　＊카페를 나서니 해질녘 멀리 임진강에 도시가 잠긴다. 노을이 커튼을 내리고 사라지는데 무성한 가시 덤불사이로 빠알간 네온사인이 보일 듯 말 듯…. 도심에는 어울리지 않는 허름한 교회의 십자가다.

　당신은 멀리 있어 그러하십니까
　언제나 어리둥절 껌뻑거리시지요
　아시는지 모르시는지

당신 앞을 막고 선 뒤엉킨 가시덤불
그래도 당신께 오라 깜빡이십니다
오늘쯤인지 내일은 될런지

당신은 왜 이 밤에만 몸을 드러내시는지
어둠에 길을 잃고서야 빛나는
당신은 누구십니까

밤을 본다
/ 행주산성 03

어둠이 깔리는
도시는 밤이 아름답다.

허물과 망상으로 패인 주름 가득했던 민낯을
두터운 어둠으로 분칠하고
아득히 점멸하는 불빛이 손짓하는
도시의 밤은 잡힐 듯 젊고 강렬하다.

오늘도 이 위선적이고 도발적인 도시의 밤을
뿌리치지 못하고 다시 주저앉는다.
나는 이 도시의 성벽 어딘가를 괴고 누운
노숙자에 다름 아니다.

나는 외곽에 머무는 집시고 보헤미안이다.

여행

여행이 좋습니다.
지나쳤던 것들이 새로워지는
여행은 행복하고 신기합니다.

대화는 언제나 즐겁지만
나와 마주하는 대화는
흔하지 않습니다.

반려견

분양받은 적도 없는 개 두 마리를 나도 모르게 키웠다.

"편견과 선입견."

누군가를 소개받을 때 말투로서 출신지역을 가늠하거나 출신학교라도 알게 되면 그 개 두 마리가 슬그머니 고개를 내민다.
짖지 말라 다그쳐도 아랑곳하지 않는 개 두 마리를 나도 모르게 키운 것이리라.

한동안 그 개 두 마리를 내치지 못할 것임을 고백할 수밖에 없다.

언젠가 내 속에 자리 잡고 있는 그 개 두 마리를 내쫓을 날이 오기를 기다린다.

개와 늑대의 시간

'해질녘 모든 사물이 붉게 물들고, 저 언덕 너머로 다가오는 실루엣이 내가 기르던 개인지, 나를 해치러 오는 늑대인지 분간할 수 없는 시간.'

개인지 늑대인지 분간이 안 되는
낮도 밤도 아닌 애매모호한 시간의 경계
날이 어둑어둑해지면서 사물의 윤곽이 희미해지는
이 황혼이 더욱 길고 오래도록 이어지면 좋겠다.

그래서 불편한 진실이 드러나는 빛이 되었건

의혹을 덮는 그림자였건

이 시간이 지나고 설사 칠흑 같은 고통의 밤이 이어진대도

희뿌연 여명에 새로운 희망을 품을 수 있는

아침을 맞이할 수만 있다면

기꺼운 마음으로 감내하지 싶다.

망고 Story
01

 내 이럴 줄 알았다. 어쩐지 딸아이가 대학 입학해서부터 하필 봉사활동을 유기견 보호센터로 다니더라니….
 기어이 정기적으로 안락사 시킨다는 그날. 유난히 아이를 따른다는 한 녀석을 품에 안고 왔다. 까만 수컷 강아지 녀석의 이름은 망고다. 아무런 준비도, 계획도 없었는데 그렇게 무작정 우리 곁으로 왔다.
 개라면 기겁을 하는 아내도 잠시 머무른다고 생각해서인지 말없이 받아들였다. 며칠이 그렇게 흘러갔다. 아주 순하고, 무척 사람을 따르며, 꽤 영리했다.

딱 하나. 이 녀석의 유일한 단점은 40~50대 아재들만 보면 기겁을 하고 도망치는 트라우마를 겪고 있다는 거다. 나 역시 예외는 아니었다. 보호센터에서부터 그랬다는데 그 연배 아재에게 심각한 학대를 겪었다고 추정할 뿐이다.

해서 어느 집에 입양 갈지 모르지만, 이래서야 그 집 바깥양반에겐 천덕꾸러기될 게 뻔한지라, 이 앙다물고 '정주지 않으리라'했던 굳은 결심 무너뜨리고 매일 조금씩 거리 늘리며 산책시키고, 간격 좁히며 밥과 간식 챙겨주길 4일째다.

반신욕하러 욕실에 들어앉아 있었더니 아내가 녀석 사진을 카톡으로 보내줬다. 욕실 문 앞에서 하염없이 내가 나오길 기다리는 망부석 '망고' 사진을….

더 난감하다. 이 질기고 끈끈한 정을 또 어이 끊을꼬!

망고 Story
02

'슬개골 탈구'라고 한다. 동네 동물병원 다녀온 딸아이가 훌쩍이며 엄마한테 말했단다. 감히 내게는 말도 못 꺼냈을 거다.

2주 전 데려온 그날 밤.

"생명을 맡는다는 건 그 대상이 사람이건 동물이건 일생을 책임진다는 것인데 어쩌면 이렇게 철없고 무모한 짓을 저지를 수 있냐"며 나에게 호된 꾸지람을 들었으니 제 놈에겐 엎친 데 겹친 격이다.

아내의 반응이 오히려 부화를 돋웠다.

"쟤를 어떡해야 하나. 착한 녀석인데…. 병을 알면서도 모른 척 남에게 입양시킬 수도 없고….”

이렇게 내 눈치만 살핀다.

딸아이는 어젯밤 자기 방에서 '망고'와 두문불출 껴안고 울고를 반복했는지 오전 11시가 되도록 깨질 않았다.

아내에게 서둘러 깨우라고 했다.

"왜 더 자게 두지.”
"동물병원 일요일이라 오전 진료래.”
"???”
"○○형 조카가 수의사인데 근처에 개업하고 있어. 말 넣어 달라 했으니 가보려고.”

외출하자고 했으면 일어나지도 않았을 딸아이가 후다닥 화장실로 뛰어가는 소리가 들린다. 옆모습을 보니 모자에 마스크를 썼어도 퉁퉁 부은 눈이 보인다.

동물병원으로 가는 차 안.

침……묵.

망고 Story
03

 집안에 판검사, 경찰, 의사는 있어야 된다는 어른들 말씀에는 수 '의사'도 들어간다는 걸 오늘에야 깨달았다. 신분을 밝히니 모델을 했어도 될 만한 훈남이 반갑게 맞이한다.

"아, 네… 그 유기견?"

그렇게 시작된 검사와 진단.

"소형견은 대부분 선천적으로… 하루라도 빨리 수술시키는 게… 나중에는 십자인대가 끊어질 수도…. 근데 키우실 거죠?"

"아뇨. 입양해서 잘 키울 분을 찾는 중입니다."

"아, 네…."

"그런데 수술시간은? 그러면 얼마나 입원을…? 비용은?"

"하루 전 입원해서 다음날 수술하고 시간은 2시간에서 2시간 30분 걸리지만 이후에도 일주일 정도 입원해있다 퇴원합니다. 근본적인 수술방법은 **뼈**를 잘라서…. 실로 당기는 쉬운 수술법도 있지만 이 방법이 영구적이고 훨씬 좋습니다. 그렇게 하면 비용은 좀 비싸, 170만 원…."

"(헉!) 그렇군요."

"네. 시간도 꽤 걸리지만 비용도 만만찮아서…. 입양할 분을 찾는 유기견이라니… 결심이 섰을 때 수술시키시는 게…."

"그럼 오늘 입원시키겠습니다."

"네? 오늘요?"

"하루라도 빠른 게 낫다고 하니 고통도 덜하고…. 그럼 지금 하는 게 낫겠죠."

여태껏 말없이 옆에 앉아 오가는 대화를 듣던 딸아이의 부은 눈이 더 커지는 걸 느꼈다.

'망고'를 입원시키고 돌아오는 차 안.

또,

침……묵.

망고 Story
04

 가지 말라니까 굳이 병문안 갔다가 딸아이는 눈물 한 바가지 뿌리고 왔다. 퇴원시키러 가기 전에는 다시는 안 가겠단다. 그렇게 다시 일주일이 지났다.
 망고가 돌아왔다. 뒷다리에 노란 붕대를 감은 것이 치킨 다리모양이라 괜히 군침이 돈다.
 월요일 아침.
 나와 아내, 딸 셋이서 무슨 항의방문이라도 하듯 동물병원 문 열자마자 찾아가서 가운도 미처 못 챙겨 입은 수의사에게서 인수인계 받는 와중에도 망고는 케이지 안에서 애달프게 울어댄다.

그렇게 딸아이 품에 안겨 있을 때는 미동도 하지 않던 녀석이 아파트 현관입구에 들어서자부터는 가슴이 요동치고 꼬리가 부러져라 흔든다.

그리고 또 며칠이 흘렀다.

그동안에 망고를 당분간 못 걷게 하라고 하니 가족간에 무언중에 룰이 생겼다.

식구 한 사람 한 사람 귀가할 때마다 성치 않은 다리를 질질 끌고 현관 앞으로 뛰어가려하니 집안에 있던 누구든 현관문 버튼소리가 나면 부리나케 이 녀석을 안는 거다.

그렇게 인수인계를 하는데 어찌지 못하는 다리는 그대로 두고 성한 꼬리를 어찌나 흔드는지 다리가 아물고 나면 꼬리뼈 관절염이 생기지 않을까 걱정스러울 지경이다.

딸애가 귀가하면 상황은 더욱 우프다. 샤워를 하거나 화장실을 쓰게 되면 이 녀석을 안고 가서 화장실 문 앞에 앉혀두고 일을 봐야 한다. 그나마 데려온 날은 화장실 문 앞에서는 어찌나 서럽게 우는지 문을 열어두고 양변기에 앉아 일을 보는 희한한 장면을 연출했다.

어젯밤에 딸아이에게 물었다.

"입양기관에선 연락 안 오니?"

"일단 글은 내렸어요. 치료 끝나고 다시 올리려고…."

"의사선생이 붕대 풀기 전에 입양가족이 생기더라도 거르지 않고 약만 먹이면 이상 없다고 했으니까. 올려놔."

"네~~에."

묻는 아빠나 대답하는 딸애나 딱하긴 매한가지다. 사람이나 동물이나 인연은 함부로 맺어서도 끊어도 안 된다.

어찌될런지….

망고 Story 05

지금껏 지켜 보건데 이 녀석은 '이미 사람 손을 탄 반려견'이라는 사실에는 동물병원 원장까지 이견이 없다.

딸아이를 비롯한 우리 가족이 면밀하게 관찰하고 추리해서 엮어본 이 녀석의 과거 Story는 이렇다.

원치 않는 탄생이었을 것이다. (믹스견이라는 사실이 뒷받침 한다). 가뜩이나 개 키우는 게 달갑지 않던 주인어른(40~50대로 추정)은 구박을 넘어서서 어린 망고에게 학대에 가까운 짓도 서슴지 않는다. (처음부터 엄청나게 나를 경계했고, 지금도 산책 중에 중년남자를 마주치면 기겁을 하고 피한다.)

하지만 그집 안주인과 착한 딸(10대로 추정)만은 아낌없는 사랑을 듬뿍 주었기에 보호받고, 의지할 곳은 거기밖에 없었다.

또한, 실내에서 키웠고(쿠션 위가 아니면 잘 앉지 않는다), 집안 분위기는 대체로 조용하고, 말이 없는 가족들이었을 거다. (엄청 순하고, 짖는 것을 못 보면 항상 슬픈 눈을 하고 있다. 대체로 반려견은 주인 성격을 닮고 집안 분위기에 적응한다).

어떤 연유로 '유기견' 신세로 전락했는지 모르겠지만, 이 녀석이 가지고 있는 트라우마와 슬픈 사연은 중년남자를 피하고 10대 아가씨와 아줌마를 좋아하며 같은 남자라도 어린애는 싫어하지 않는 데서 충분히 추정하고 남는다.

지금은 부동의 선호도 1위인 딸아이에 이어 2위를 넘보는 나지만 이렇게 되기까지 남모르는 노력(?)이 있었다.

일단 가장 많은 산책횟수를 자랑하며, 갓 시작한 대학생활로 바쁘신 딸아이보다 더 많은 시간을 보냈으며, 결정적으로 돈(?)도 가장 많이 썼다.

이만하면 2위를 차지할 만하지 않은가? 그래선지 딸아이가 없을 때는 이렇게 제 놈 이야기를 쓴 중에도 탁자 밑 내 다리 근처에서 똬리를 틀고 졸고 있다. (까만 가죽쿠션과 분간이 안 된다.)

그러다 잠시라도 움직일라치면 어김없이 따라붙는다.

망고 Story
06

이제 한 식구로 자리를 잡은 것일까?

아직 아물지 않은 수술자국처럼 흔쾌하게 결정되지 않은 자신의 미래는 알지도 못하면서 하루 종일 천진난만 칭얼대고 뛰어논다.

매일 반나절은 족히 혼자 둬야 되는 데다(반려견에겐 정신적 고문이나 다름없다), 가족여행 특히, 장기간의 여행은 이 녀석 걱정을 배낭처럼 메고 떠나야 하는 현실적 문제들이 발목을 잡는데 날이 갈수록 정은 깊이 들어가고 있다.

정이 깊어갈 수록 시름도 깊어진다.

산책을 갈 때면 따라 나와 커피 한잔 하는 동안 옷섶 안에 고개만 내밀고 졸다 깨다를 반복한다.

착한 녀석이다. 업동이라고 치부해야 하나. 이젠 산책 나가서 마주치는 사람들을 피하는 것만 빼면 쾌활하고 애교가 넘친다.

마지막 보루였던 아들 녀석 방에 영역표시(오줌)를 한 이후부턴 패드에만 볼 일을 본다.

아내가 "진작에 쌀 만큼 싸게 방문을 열어둘 걸 그랬나"라며 웃는다. 슬금슬금 아내의 눈치를 보며 금단의 벽을 넘더니 급기야 거실 소파까지 점령하기에 이르렀다. (실은 나와 아이들이 망고를 안아 올려서 버려놓은 결과다.) 이제는 훈육을 담당하던 아내도 절반은 포기할 지경에 이르렀다.

눈치도 빠르고 영리하다. 무엇보다 순둥이라 온 종일 혼자 둬도 사고치는 일이 없었는데 장난감엔 관심이 덜하고 유독 아내의 슬리퍼에 애착을 가져서 문제다.

이왕 갖고 놀던 거라 버린 셈치고 새것을 꺼냈더니 그전 것은 내쳐두고 새 슬리퍼를 물고 다닌단다.

영원한 숙제인 털 빠짐과 슬리퍼 집착증이 남아 있지만, 나로선 개라면 질색이던 아내의 변화가 더 흥미롭다.

망고 Story
07

사람이 태어나서 가장 먼저 배운 말이 '엄마'라면, 가장 빨리 눈치챈 행동은 무엇이었을까?

두 살배기 망고는 식구가 출근할 때와 제 놈과 같이 산책할 때를 기가 막히게 알아챈다.

"갔다 올께"와 "나가자"란 말을 정확하게 구분한다. 어디 그 뿐인가? 제 나름대로 선호와 기준이 있어 가족 간의 서열이 존재함을 알려준다.

확고부동한 1위는 당연히 제 놈을 데려온 딸아이다. 내가 2위,

아내와 아들이 3~4위 혼전을 거듭하고 있다. 장모님은 올라오신 지도 얼마 되지 않지만 가끔 혼을 내니 항상 꼴찌다. 딸아이가 집에 있을 때 나머지 식구는 그야말로 '투명인간'에 다름 아니다.

딸아이가 아침에 알바 출근을 했다. 문소리가 나자마자 아니나 다를까 안방으로 달려와 낑낑거리며 일편단심 제 사랑이 나갔음을 알린다. 이제 내가 간택 받았음을 통보하는 거다. 물론 나마저 출타하게 되면 아내에게 똑같이 행동하고 졸졸 따라다닌다.

산책을 데려나가려고 채비를 갖춘다. 벌써 기대감에 부풀어 꼬리를 부채처럼 흔들며 따라다닌다. 출근할 때와 별반 다르지 않은 준비인데도 명확하게 구분하는 것이 분명하다. 출근 채비 할 때는 꼬리를 흔들지 않으므로….

이렇게 산책을 하려 할 때는 "망고야 나가자"란 말을 미리 뱉어서는 안 된다. 앞발을 쳐들어 내 다리를 연방 치고 현관을 들락거리며 왔다갔다 그 닦달을 감당하기 힘들다.

그렇게 나선 걸음이다. 공원 가는 길에 들른 커피숍에서 냉커피를 주문하는데 테이블에 앉아있던 분이 묻는다.

"고놈 이쁘네. 무슨 종입니까?"
"이름은 '망고'고요, 유기견입니다."

둘 다 틀린 대답이다.

공원길을 걸으며 망고한테 미안했다. 눈치 빠른 녀석인데 내 말을 알아들었으면 어쩌나 걱정했다.

잡종이니 세련되게 '믹스견'이라고 했어야 했나? 아니면 비슷한 종 이름을 댔어야 했을까?

암튼 '유기견'이란 말은 이 녀석이 결코 원하는 답이 아니었을 것이다. 해외여행 중에 "어디서 왔습니까?"라는 질문을 받고, 같이 동행하던 친구가 "백수죠. 지금은 놀고 있습니다"라고 대신 답해준 꼴이다.

이 세상에 존재하는 모든 애완견의 조상은 '늑대'였고, 그중 8할 이상은 인간이 교배로 정착시킨 종이니 인간이 명명한 그들 종명도 아무 의미 없으리라.

그냥 '이름이 뭡니까?'라고 물었으면 좋겠다.
아니 그리 묻지 않더라도 이름으로 답해야겠다.
망고는 그냥 망고일 뿐이다.

걱정을 줄이는
용기

 나는 후회를 하지 않는 편이다. 후회를 하지 않는다고 걱정거리가 없거나 고민이 없는 것은 아니다. 오히려 후회 없는 선택과 결정을 하려면 걱정거리는 많아지고 고민의 시간은 길어진다.

 "현명한 사람은 고민을 하는 것이 효과가 있을 때만 고민하고, 고민을 해도 효과가 없을 때에는 다른 생각을 하며, 밤에는 아무 생각도 하지 않는다"는 버트런드 러셀의 말을 적용하자면 나는 그다지 현명한 사람 축에는 들지 못한다.

 하지만 그 다음 대목 "한시도 쉬지 않고 지나치게 고민하는 것보다 꼭 필요할 때에 적당하게 고민하는 침착한 태도를 기르면 행복과 능률을 엄청나게 증진시킬 수 있다. 곤란하거나 심각한 결정을 내려야 할 경우에는 모든 자료를 이용할 수 있을 때 즉시 그 문제를 깊이 숙고해서 결정을 내려라. 일단 결정을 내린 다음에는 새로운 사실이 밝혀지지 않은 이상 결코 그 결정을 번복하지 마라. 망설임만큼 심신을 지치게 하면서 쓸데없는 것은 없다"에서 위안을 받는다.

언젠가부터 중요한 사안이 생기면 나를 벼랑 끝에 세우는 버릇이 생겼다. 그래야만 진행과정이나 어떤 고비에서도 좌절하거나 주저하지 않는다는 걸 체득한 때문이다.

그리고 어떤 과정을 밟던, 그 결과가 어떻게 나타나든 앞서 고민하지 않는다. 그 어떤 것도 나를 넘어서는 가치나 이유는 존재하지 않는다. 마찬가지로 내가 빠진 그 무엇도 중요하지 않다.

오래전 제법 중요한 자리를 차지하다 사표를 낼 때 나는 너무도 순진하게 내 일을 인수받은 이와 남아 있는 부서 사람들을 걱정하고, 나아가 나의 공백으로 인해 회사에서 발생할 온갖 비효율과 업무착오에 대해 죄책감 비슷한 감정까지 가졌었다.

그러나
그런 일은 결코 일어나지 않았다.

당신도 이 버스를
타고 있다

'버스 44'는 2001년에 제작된 홍콩영화로 중국에서 있었던 실화를 바탕으로 하고 있다.

중국에서 어떤 여성운전기사가 버스를 운행하며 산길을 넘고 있었는데 양아치 3명이 그 여기사한테 달려들어 성희롱을 한다.

승객들은 모두 모른 척하고 있는데, 어떤 중년남자만이 이 양아치들을 말리다가 집단 린치를 당하게 되고…. 급기야 양아치들이 버스를 세우고 여성기사를 숲으로 끌고 들어가서 번갈아 성폭행까지 저지른다. 한참 뒤 여성기사가 돌아오더니 아까 양아치를 제지

했던 중년남자한테 다짜고짜 내리라고 한다.

중년남자가 황당해 하면서,

"아까 난 도와주려고 하지 않았느냐?"
"당신이 내릴 때까지 출발 안 한다!"

단호한 여성기사.

중년남자가 안 내리고 버티니까 승객들이 그를 강제로 끌어내리고 짐도 던져 버렸다. 이윽고, 버스가 출발했는데 기사는 커브길에서 속도를 높여 그대로 낭떠러지로 추락하고 만다.

전원 사망.

중년남자는 아픈 몸을 이끌고 시골 산길을 터벅터벅 걸어 가다가 자동차 사고현장을 목격하고, 교통을 통제하는 경찰관은 버스가 낭떠러지에 떨어져 승객이 모두 사망한 사고라고 일러준다.

멀리 낭떠러지를 바라보니 자신이 타고 왔던 그 '44번 버스'다.

그 여기사는 오직 살 가치가 있던, 유일하게 양아치들의 악행을 제지했던 그 중년남자를 일부러 버스에서 내리게 하고서 남의 불행이라 방조하고 외면하던 승객들을 모두 지옥으로 데리고 간 것이다.

만약, 후일 우리 사회에서 벌어지고 있는 일들이 이렇듯 영화로 제작된다면 나는, 그리고 당신은 어디에 서 있을까.

최소한 침묵의 방조자는 되지 말아야 하지 않을까.

당신과
마주한다면

진정 강한 사람은

마주칠 때 비켜서는 사람이다.

서로 마주본 체

버티고 선 사람은

물러설 수 없는 절박함이지만

비켜서는 사람은

상대가 지나갈 때
어깨에 손 얹을 여유가 있다.
어깨를 부딪치면
감정이 상하지만
어깨에 손 얹으면 마음이 열린다.

진정 강한 사람은
비켜선 사람이다.

내어 줄 어깨밖에 없는
나는 아직 한참 멀었다.

캘리그라피

 정말 아무 생각 없이 단지, 이마저도 남을 시키니 맘에 차지 않는 참 까탈스런 성격 탓에 내 몸소 배우고 깨쳐서 디자인의 주요한 부분들 특히, 사인(sign)디자인이나 그래픽작업에 접목해보겠다는 야심찬 목표로 3개월간 한 번도 **빼먹지** 않고 캘리그라피를 수강하는 만학의 길로 들어섰었다.
 그리고 깨달았다.

 '이마저도 만만치 않구나.'

'일필휘지 그거 맘같이 안 되는 거구나.'
'역시 프로는 한순간에 만들어지는 게 아니구나.'

그래도 캘리그라피 배운다는 취중 자랑을 했다가 자신의 병원 로고디자인을 맡긴 선배의 어려운 과제를 캘리그라피로 직접 썼고, 딸아이가 단장으로 있는 봉사동아리의 로고와 캘리그라피 카피를 완성할 수 있었으니 '절반의 성공'은 거둔 셈이다.

전업을 하고 싶어도 단 세 글자 쓰는데 약 700번을 써봤던 터라 그냥 가던 길, 마저 갈 수밖에 없다.

DJ
DOC

예전 잘 나가던(?) 가수, 약간은 불량스럽거나 삐딱한 그룹, 뭐 대략 그런 인상으로 남아 있는 친구들인데, '이하늘'인지 '김하늘'인지 아직도 성이 헷갈리는 그 친구가 주인장인 식당에서 또 한 끼를 해결했다.

얼마 전 우연히 늦은 점심을 하고 나오다 맞닥뜨렸고 몇 마디 나눴을 뿐인데, 이전에 가지고 있던 인상을 허물기에 충분했지 싶다.

재기발랄하고 약간은 개구진 눈빛이 맑았고, 잘 가시란 인사말엔 진심이 묻어 있었다. 역시 사람은 직접 겪어봐야 한다.

물론, 홍대 근처에서 이만한 정성과 푸짐함으로 손님 대우하는 식당도 드물 뿐더러 무엇보다 예전 TV에서 언뜻 할머니 손에서 자란 그들 형제의 성장과정을 들었던 터라 '엄마주방'이란 상호가 남다르게 느껴지기도 해서다.

　그만한 연예인이 반지하 저렴한 백반집을 운영한다는 사실도 신선한 데다 음식맛까지 훌륭하니 부디 오래토록 좋은 이웃으로 남아 있길 바란다.

트루먼
쇼

　바야흐로 한국은 '술 권하는 사회'에서 '거짓을 권하는 사회'로 변모해 가는 과정처럼 보인다. 자고 일어나면 터지는 온갖 사건 사고와 혼돈스러운 국제정세마저도 한 꺼풀 벗겨보거나 좀 더 확대해서 들여다보면 본질은 '정직에 대한 부정'으로 귀결된다.
　언제부터인가 진실은 없고 주장과 공방만이 가득하고, 설사 진실이라고, 팩트라고 밝혀진 것조차도 그 의도가 순수하지 못하다는 식으로 또 다른 진실공방의 수렁으로 빠트려 버린다.
　어디서부터 잘못된 것인가? 과연 세상은 거짓으로 가득 차 있으며 진실은 약자의 넋두리에 불과하단 말인가? 그렇다면 이 아귀지옥 같은 세상에서 내가 나로 살아갈 방법은 정녕 없는 것인가?

공포영화에서 보듯 산 것도 죽은 것도 아닌 좀비가 지배하는 세상에서 외롭고 고달프게 도망치며 살아가느니 그들에게 목덜미를 내주고 그들처럼 좀비가 되는 것이 옳은 것인가?

먼 과거로 되돌아갈 필요도, 다른 나라를 들먹일 필요도 없다. 최근 한국을 휩쓴 일련의 사례들만 살펴보자. 촛불혁명 이후로 드러나는 가진 자, 누리던 자들의 토악질 나는 위악과 그들을 에워싸던 무리들의 비루한 행태가 전혀 걸러지지 않은 생짜로 매일같이 쏟아져 나오고 있다.

과거 독재정권하의 통제된 사회를 경험한 세대로서는 신문과 TV, 인터넷에서 끊임없이 생산해내는 보도와 팩트 체크에 정신을 못 차릴 지경이다.

그 대부분이 불과 얼마 전 우리 눈앞에서 했던 청문회 증언, 혹은 과거 정부의 회견과 발표들이 모두 거짓이며 진실을 호도했다는 증거로 채워져 있으니 당황과 분노를 넘어서서 실로 공황상태에 이르렀다.

이제는 아이들의 눈을 가리고 귀를 가려야 하지 않겠는가? 죽음을 불사하고 억울함을 호소하던 인사가, 순진한 표정으로 전혀 몰랐다 주장하던 고위관료들이 검찰조사 직전 카메라 앞에서까지 결백을 부르짖다 불과 몇 시간 만에 모든 것을 자백하고 구치소로 향하는 장면을 어떻게 보여주고 무엇으로 설명한단 말인가?

감히 단언컨대, 이는 전통적인 미덕이며 도덕적 기준으로 여겨지던 정직에 가치를 두지 않는 사회이다. 문화현상과 법체계 그리고 비틀어진 금전만능의 천박한 자본주의가 만들어낸 합작품이다.

학교에서 정직을 배우고 사회에 나온 우리들이 맞닥뜨리는 현실은 정직은 불편하고 손해를 감수해야 하는 것이고, 거짓이야 말로 편리하며 눈앞에 이익을 가져다주는 것임을 반복적으로 강요당하고 설득당한다.

그 유혹은 강렬하며 집요하다.

어느 순간에나 존재하고 어느 곳에서건 도사리고 있다. 하지만 이런 현상은 누구의 잘못도, 어느 한 집단이 의도적으로 만든 것이 아니다.

좀 더 많은 것을 가지고자, 좀 더 편한 방법만을 쫓는 우리들의 욕망과 이기심이 만들어 낸 세계. 결국 우리들이 뿌린 작은 씨앗들이 자라 무성하게 하늘을 가린 숲인 것이다. 우리는 그 속에서 스스로를 속이며 산다.

정직은 배우는 것이고 거짓은 행하는 것쯤으로 여기고, 어른이 되면 당연히 누리는 권리쯤으로 착각하게 된 것이다. 그러나 이 모두는 집단적으로 앓고 있는 정신병에서 기인한다. 이는 기억의 편

향이다.

우리 중 많은 정직한 사람들이 이룬 성공과 가치 있는 삶은 당연한 듯 스쳐지나가고 기억에 담아두지 않는 반면, 내부 고발자와 같은 정직한 사람이 받는 피해나 진실을 위해 헌신하다 희생을 치른 고귀하나 불행한 사건들은 오랫동안 기억에 담아두기 때문이다.

그리고 이를 정직이 갖는 무능과 무가치로 폄훼하는데 주저하지 않기 때문이다.

진실은 하나다. 우리 눈앞에 보이는 거짓된 자들의 영화로움보다 우리 등 뒤에 있어 보이지는 않으나 그보다 더 고귀하고 영광된 삶을 사는 수많은 정직한 이들을 잊지 말아야 한다. 생각의 오류에서 벗어나야 한다.

지난 과거 역사는, 그리고 앞으로 우리를 치고 휘감아 끌고 갈 역사는 이러한 착각이 환상을 불러오고 오판을 낳으며 결국 파탄에 이르는 길임을 증명하고 있다.

지금 우리가 딛고 있는 이 땅에서 지난 과거를 불러들여 현재의 역사를 기록하게 하고, 다시 감춰지고 덮어두었던 거짓이 잉태한 수많은 화근덩어리를 캐내는 작업을 하고 있으니 말이다.

그것도 같이 상의하고 함께 묻었던 동료이자 하수인들 손에서 이뤄지고 있음을 지켜보고 있지 않은가.

그들은 우리들의 준엄한 합의인 법조차도 가진 자의 편임을 증명하던 법의 도구였으며 언제든 우리가 지켜보는 눈길을 거두면 다시 예전으로 돌아갈 길들지 않은 승냥이에 불과하다.

그들은 약한 우리를 지켜주지 않을 것이며 우리가 강해질 때만 충직하다는 것을 이제는 안다.

그리고 우리는 싫건 좋건 우리가 선택한 자본주의가 가진 악취와 독성을 인정해야 한다. 우리가 영생을 바랄 수 없는 것처럼 완전무결한 제도나 법은 어차피 존재하지 않는다.

매일 몸속에서 자라는 암세포의 존재를 알고 이를 다스리며 주어진 수명을 채우는 우리의 삶처럼 자본주의 폐해는 암세포와 같은 것이다. 그래서 우리는 뭉치고 힘을 합쳐 암세포와 끊임없는 사투를 벌이는 백혈구가 되어야 한다.

이것이 일상이 되고 당연하게 여겨질 때 자본주의의 천박한 마력이 더 이상 우리의 삶을 피폐하게 만들지 않는다.

끊임없이 저항하고 싸워야 한다.

우리는 오늘도, 내일도, 살기 위해서 우리를 둘러싼 정치, 경제, 사회, 문화현상 모든 것에서 감시의 매서운 눈초리를 거두면 안 된다. 항상 싸울 태세를 갖춰야 하며 먼저 나설 각오를 해야 한다.

그리고 잊어서는 안 된다.

지나간 역사는 우리의 부질없는 관대함이 얼마나 크나큰 오류를 낳고, 우리의 삶을 망가뜨렸는지, 희망 없는 삶을 살게 했는지

증명하고 있다.

또 다시 반복해선 결코 안 된다. 아무리 오랜 시간, 아무리 엄청난 저항에 부딪친다 해도 맞서고 건너는 우리들의 정직하고 위대한 힘을 보여야 한다. 단죄하고 용서를 빌게 만들어야 한다. 다시는 일어설 수 없을 만큼 처참하고 부서진 모습으로 무릎 꿇게 해야 한다.

거짓이 승리하는 세상은 존재하지 않는다. 다만 그렇게 보이길 원하는 세력이 존재할 뿐이다.

한 번뿐인 인생을 트루먼 쇼의 트루먼으로 살아갈 수는 없지 않는가?

트루먼처럼 바다로 나가자. 노를 젓자.
그 끝에 맞닿을 때가 머지않았다.
출구가 보인다.

정직은 살아 있다.

*영화 '트루먼 쇼' - 짐캐리 주연의 1998년 작

마지막 날
01

'아마 아버님을 모시고 사는 분이신가 보다.'

식탁 위에 너저분하게 굴러다니는 친정아버지의 약봉지에서 병중인 부모를 향한 애잔한 그리움과 누구나 늙는다는 사실이 가지는 처연함이 밴 글을 읽다가 깊은 감상에 빠져들었다.

내 아버지는 그 전까지 단 한 번도 입원을 해보지 않으셨다. 워낙 강건하신 분이셨다. 거의 매일 당신이 음용하는 버섯채취를 위한 산행을 하셨고, 노인회관에서 러닝머신 위를 하루도 거르지 않고 걷거나 뛰셨다.

그 일이 있기 전까지는….

그러니까 쉬이 멈추지 않는 기침으로 단 한차례 입원해서 검사받고 "폐암4기에 치료를 시작하면 6개월, 그대로는 3개월"이란 사형선고를 받은 게 처음이자 마지막 입원이 되신 거다.

암에도 4기가 있다는 걸 그날 처음 알았다.

가까이 귀 기울이지 않으면 잘 들리지도 않을 낮고 무덤덤한 목소리로 그가, 대한민국 최고의 명의라는 그가 뭉개지는 다른 단어에 비해 너무나 또렷하게 꽂히는 숫자를 불러줬다.

"4. 6. 3"

병실에는 어머니, 여동생, 남동생네까지 1인실이라 여유 있는 병실이건만 꽉 들어차 있었다.

하기야 15일을 넘기는 검사기간이었으니 다들 얼마나 불안하고 궁금했을까. 내 얼굴에 수많은 질문들이 무수히 박혔다.

"다들 나가. 다 나가 있어. 아버지와 할 얘기가 있으니까. 엄마도."

마지막 날
02

"그런데 아버지. 아버지가 저를 그리 키우셨으니 잘 아실 거 아닙니까. 엄마도 맨날 아버지를 쏙 뺐다고 하는 저니까. 저는 아버지가 호스 여기 저기다 꽂고, 인공호흡하면서…. 그런 거 못 봅니다. 안 봅니다. 그렇게 안 할 겁니다. 절대로."

다들 알겠지만 '절대로'란 말은 함부로, 아니 언제 어디서건 쓰면 안 되는 말이다. 안다고 생각했는데 그날 썼다. 나는….

"치료도 아버지가 하시겠다 결심만 하시면 세상이 두 쪽이 나도…. 제가 뭔 짓을 해서라도 할 겁니다. 그런데 중간에 조금이라도 아버지가 포기하시는 기색을 보이시거나 의사 지시대로 안 하고 고집 피우시면 저는 안 할 겁니다."

그냥 듣고만 계셨다. 너무 반응이 없어서 이상스러울 정도였다.

"어떻게 할까요, 아버지?"
"……"

잠깐이었는지 얼마의 시간이 지났는 지 가늠조차 힘들었다.
몸을 일으키려 해서 침대 맡에 기댈 정도로 부축해 드렸다. 그리고 이어진 말씀.

"요 씨! 해 보자~!"

그날 그때 아버지의 그 5자로 이뤄진 이 말을 나는 죽는 날까지 못 잊을 거다.

요·씨·해·보·자

출정하는 장수의 비감한 다짐 같기도 하고, 이제 시작하자라는 주문처럼도 들리는 그 말을 이어갈 더 이상의 대화는 필요 없었다. 우린 원래 그런 부자(父子)였으니까.

문밖 병원 복도를 서성이는 가족들을 들어오라 했다. 부모님은 우리 삼남매를 키우면서 늘 말씀하셨다. 정확히는 별반 말이 없으신 아버지 대신한 어머니의 말씀이셨지만….

"형제간에 우애만큼 귀한 게 없다. 너희들은 꼭 그리 살아라." 여기까지는 여느 집이나 비슷한 가르침이지 않을까 싶다.

좀 다를 수 있는 게 그런 말씀 다음으로 꼭 부록으로 따라오는 전혀 유언 같지 않은 유언이었다.

"아버지, 엄마 죽고 나면 형이 부모 대신이고 아버지나 마찬가지다. ○○(여동생)이 니가 시집가면 오빠가 곧 친정이다. 니들은 반드시 그대로 따르고 대해라."

우리 삼남매가 자라면서 워낙 어릴 때부터 오금박듯 하시던 말씀이라 나야 그런가보다 했지만, 어른이 된 지금 생각해도 동생들에게는 참 미안하고 죄스럽다.

그 말씀을 지금까지 제대로 못 따른 건 언제나 동생들이 아니고 부모노릇을 대신 잘못하는 나였으니까.

각설하고, 그때나 지금이나 물려받은 무한권력(?)을 휘두를 수 있었던 나는 가족들을 입원실로 들어오라 하고 그 놈의 빌어먹을 '4. 6. 3'을 똑같이 앵무새처럼 전했다.

엄마, 여동생, 아내. 아무튼 여자들은 어이없어하며 하염없이 울기만 했다. 남동생은 내 눈치를 보며 계속 뭔가를 캐물었다. 나도 더 이상은 아는 게 없는데….

동생은 자꾸 훌쩍거리면서 물어대고, 어머니는 "세상에…. 우째 이런 일이…."만 연방 외치셨다. 아무렇지도 않은 듯 우두커니 있는 건 아버지와 나 둘 뿐이었다.

"당장 어떻게 된다는 것도 아니고. 아버지가 치료 시작하자고 하셨으니까 나는 수속 밟고 올게."

그렇게 화를 내는 건지 말을 한 건지 말해놓고 입원실을 나섰다. 분명 아무렇지도 않았는데…. 의사의 통첩을 받을 때도, 아버지와 가족에게 알릴 때도, 심지어 병실을 나와 수속을 밟을 때도 으레 매년하는 건강검진 받듯 잘한 것 같다. 그리고 곧장 혼자 집으로 갔다. 당연히 아무도 없었지만 안방 문까지 걸어 잠그고 나니 그제서야 제방 터지듯 눈물이 쏟아졌다.

그냥 "아버지… 아버지…"란 말만 나왔다.
그제야 울었다. 마음껏….

마지막 날
EPISODE

나는 말을 배워서부터 이제껏 '아빠'를 입에 담아본 적이 없다. 항상 '아버지'였다. 동생들에겐 아빠였고, 내겐 아버지였지만, 우리는 같은 "엄마"의 자식이었다.

아버지 탓에 못한 게 제법 된다. 어릴 때는 서가에 꽂힌 재미있을 만한 책(심령학, UFO 뭐 그런 걸 다룬….)은 금하셔서 손도 못 댔고, 그나마 허용된 건 김찬삼의 '세계여행'이라 그것만 줄기차게 봤다.

좀 커서는 친구들은 다 조금씩 할 줄 아는 '바둑'과 '장기'에 손도 못 대게 하셔서 지금도 바둑을 못 둔다. (장기는 그나마 사촌형들 어깨 너머로 배웠다.)

고등학교 때에는 원하던 인문계열로 못 가게 했고(그래서 자연계로…), 대학마저도 당신 뜻대로 정하셔서 나는 따라만 갔다.

그런데 여기에 많은, 무궁무진한 얘기가 숨겨져 있었다.

그걸 한참 나중에 알았다.

아! 결혼은 내 맘대로 했다. 가장 큰 성공이다.

내가 결국 이겼다. 반대를 안 하셨으니 절반의 성공인가?

마지막 날
03

 사실 나쁜 예감은 틀린 적이 없다. 이렇게 느닷없이 닥친 교통사고 같은 폐암 확정이 내려지기 15일 전. 그날은 5월 8일 어버이날이었다. 고향집에 내려간다고 미리 전화를 드렸다.

 "먼 길 오지 말고, 나도 바쁘니까 오지 마라."

 엄마는 늘 그러셨다. 뭐든 자식 편한 게 우선이시니….

"아버지는요?"

"잘 계시지. 감기가 잘 안 떨어진다만…."

"예. 암튼 알았어요."

그리고서 다음 날 고향집으로 내려갔다. 대문이 잠겨 있었다. 아무도 없었다.

'그럴 리가 없는데…. 어디 가셨지?'

"어디야 엄마. 왜 아무도 없어?"

"아, 내려왔어? 오지 말래니까. 그게…."

핸드폰을 받은 엄마의 난감한 표정이 눈에 잡힌다. 담대한 성품이라 이런 일은 드문데….

창원 ○○○병원이란다. 두 달째 기침이 멈추지 않아서 입원한 지 이틀째라고 하니 통화하던 어제도 집이 아니었던 거다. 왜 알리지 않았냐는 짜증은 일단 접어두고 택시를 잡아타고 병원으로 갔다. 그냥 그저 그랬다. 거기가 병원이라는 것뿐이지 뭐 그리 큰일은 아니었으니까.

간혹 기침은 하셨지만 아버지도 멀쩡하시고 엄마는 어제 미리 말하지 않은 변명만 길지, 아버지 병세에 대한 얘기는 간단했다.

감기인데 기침이 두 달째 그치질 않아 입원하셨단다.

담당 의사를 찾았다. 나보다 젊어 보였다. 그가 아버지 X-lay사진을 펼쳐 보이며,

"상태로 봐서는… 폐렴일수도… 폐에 물이 차서…. 뭐 여하튼 조직검사를 해봐야 정확히 아는데, 그 의사분이 쉬는 날이라 내일 조직을 떼어내서…."

"선생님!"

내 목소리가 좀 컸는지 옆에 있던 간호사가 놀란다.

"그렇게 얘기하지 마시고 의과대학에서 이런 그림이면 뭐라고 배운겁니까? 그리고 병원에서 환자를 봤을 때 이런 상태는 주로 뭐였는지만 말씀해주세요."

담배연기처럼 뿌연 아버지 폐 사진을 찌르듯 가리키며 물었다.

"… 저희들은 이런 상태라면… '폐암'으로 봅니다만… 정확한 건…."

"그럼 한 가지만 더 여쭙겠습니다. 만약 저분이 선생님 아버지

라면 여기서 치료하겠습니까? 서울로 모시겠습니까?"

"저 같으면… 서울에서…."

"퇴원수속 밟겠습니다. 앰뷸런스 좀 불러주십시오. 서울까지 가는 걸로."

그렇게 아버지, 엄마, 나 이렇게 앰뷸런스를 타고 서울로 내달렸다. 어디로 갈지 정해지지도 않았는데 그냥 서울로 가자고만 했다.

사람마다 타고난 성격이 있을 텐데 나 같은 경우는 무척 급한 성격인데도 불구하고 정작 큰 문제에는 침착한 편이다.

뭐 예를 들어 홍수가 나서 집이 물이 잠긴다거나(실제 초등학교 6학년 때 그랬다. 자고 있는데 엄마가 깨워서 일어나보니 배게도 이불도 둥둥 떠다니는 동화 같은 그림이 눈앞에 펼쳐졌다. 세숫대야로 물을 퍼냈다. 나중에 다 키웠다고 칭찬받았다.), 지금처럼 날벼락 같은 통보를 받거나, 부도가 난다든지 하는 아무튼 그런 상황을 맞으면 나도 모르게 심장이 차가워지고, 머리회전이 잘 돌아가는 경향이 있다.

엄마는 만성폐렴 같다는(만에 하나 폐암 초기일 수도 있어서 검사는 큰 병원에서 받아봐야 한다는 말도 곁들여서 했다.) 내 말을 곧이 믿기도 하셨지만 그 침착한 모습에서 더 안심을 하셨다.

앰뷸런스 안에서 연신 전화와 문자를 돌렸다. 가까운 의사친구들부터 병원에 관련된 일을 하는 선배에까지 어디로 가는 게 제일 좋은지부터 물었다.

그렇게 삼성의료원, 현대아산, 국립암센터 세 군데로 압축됐고, 나는 집과 직장에서 제일 가까운 국립암센터로 정했다.

그런데 정작 문제는 내게 선택권이 없다는 데 있었다. 세 군데 모두 입원실은 만실이고, 특진예약은 1~2달이 기본이었다.

내 집으로 모셔야 할 판이었지만, 나는 응급실로 곧장 들이닥쳤다. 이럴 땐 일단 사고를 쳐놓고 수습해야 한다. 우여곡절 끝에 여러 사람의 도움을 받아 하루 만에 곧바로 입원을 했다. 용케 그리되었다.

예의 그 차가운 심장과 빠른 머리회전이 시작됐다. 우선 부동산에 연락해 우리 아파트 근처 오피스텔을 물색했다. 장기전이다. 시간을 줄이고, 언제고 예기치 않은 돌발상황에 대비할 준비를 갖추는 게 급선무다. 그러려면 바로 곁에 모셔야 했다.

마지막 날
04

"이걸로 해 엄마."

"그건 너무 크지 않니?"

누가 봐도 모자지간에 다정하게 쇼핑을 나온 행복한 광경이었으리라.

시골집은 동네 분들께 관리를 맡겼고, 아파트 5분 거리에 두 분을 모실 오피스텔을 구했다. 집을 구했으니 세간살이를 사러 다녔다. TV, 김치냉장고, 밥통, 냄비에 그릇까지. 새로 살림을 차리는 거다.

아내가 모시고 다니고 싶어 했지만, 아이들은 손이 많이 가는 나이였고, 엄마는 이 모든 걸 자식에게 신세지는 것처럼 생각하실 분이라 아들과 다니는 걸 훨씬 편하게 생각하신다는 걸 나는 알았다.

그리 너무 슬프지 않게 간혹 군것질하고, 웃고 떠들며 보내니 한 달이 훅 지나갔다. 전투를 치르려고 진지 구축하는 데 한 달이 걸린 셈이다.

돌아보면, 대학 입학한 이후 처음으로 매일같이 아버지와 어머니를 뵐 수 있었으니 아버지의 급작스런 변고는 내게 주어진 마지막 행운이었고, 따사로운 봄날 같은 시간이었다.

출근 전에 산책하듯 가서 아버지와 엄마가 지어주신 밥을 먹거나 집에서 먹고 나온 날은 출근하며 들렀다. 퇴근하면 오피스텔을 들러서 엄마 밥을 먹고 집으로 왔다. 밖에서 저녁을 먹고 오더라도 들러서 수다를 떨다 집으로 왔다.

회식이라도 있는 날이면 대리로 오피스텔에 차를 주차시키고 들렀다 집까지 걸어왔다. 이상스레 다행이란 생각이 들었다.

이런 기회라도 주어져서⋯.

간혹 아내는 이런 내게 "실컷 엄마 밥 먹을 수 있어서 좋겠다"고 놀렸지만⋯. 그건 사실이었다.

가족 어느 누구도 슬퍼하지 않았다. 아니 그렇게 하지 말자고 약속이라도 한 것처럼 드러내지 않았다.

굳이 내가 그러자고 할 필요가 없으니 그것도 좋았다. 가끔 전화와서 울어대는 여동생만 달래다, 윽박지르다를 반복하면 됐다. 그래도 오빠 말이 곧 법이니 엄마한테 전화해서는 울지 말란 당부만은 지키는 것도 고마웠다.

아버지의 폐암은 그 많은 종류 중에서도 나쁜 케이스였다. 한 군데가 아니고, 여러 군데 점점이 퍼져 있어서 애초에 수술은 엄두도 못 냈고, 방사선 치료와 항암제 치료를 해야 했는데 그게 참 고약한 후유증이 따랐다.

아버지 표현으로는 "모래알 씹는 것 같다"라고 할 정도로 입맛을 떨어뜨렸고, 그 치료를 받은 날은 속을 뒤집어 놓아 구토를 자주 했다. 그날 그렇게 급격하게 떨어진 체력을 보강해야 다음 차순의 치료를 할 수 있었다.

무조건 체력을 보강해야 했다. 그리고 잘 드셔야만 했다. 체중계를 샀다. 몸무게가 줄어들어선 안 되니까. 그리고 평소 같으면 엄두도 못 냈을 고가의 의료용 안마기와 전동침대도 구비했다. 나중에 후회할 것 같으면 망설임 없이 무조건 저질렀다. 누구도 안 말렸다. 아니 말릴 수 없었다.

그때 이미 우리는 모두 알고 있었다. 어쨌건 시간을 붙들어야 한다는 걸, 할 수만 있다면 시간을 늘려서 하루하루를 보내는 것밖에

도리가 없다는 것을….

어차피 아버지는 다시 건강해지실 수는 없다는 걸 아무도 말하지 않았지만 모두 알고 있었다. 그래서 오피스텔에서 맘껏 웃고 수다를 떨었다. 지금 이 시간이 다시 오지 않을 걸 아니까.

물론, 엄마가 해주는 밥이 지금도 최고인 건 사실이지만, 그 즈음 매일 들러 아침, 저녁을 먹으려 했던 이유는 정작 따로 있었다.

그날 엄마가 웃으셨다. 새살림 사는 것 같으시다고, 정남향이라 햇볕이 잘 들어 참 좋다고…. 그리고 주무시는 아버지를 힐끔 보시더니 귓속말로 말씀하셨다.

"얼마나 입맛 없어 하시는지 몰라. 밥 넘기기가 너무 힘들다고. 음식 맛을 모르겠다고, 밥이 모래알 씹는 것 같으시대."
"왜 안 그렇겠어요. 의사가 처음부터 그렇다고 하던데…."
"그런데 말이다. 그렇게 도저히 못 먹겠다고 투정 부리고 숟갈 놓다가도 니가 문 열고 들어오잖니."
"예. 그러면요."
"놨던 수저도 다시 들고 한 그릇을 다 비우시더라. 언제 그랬냐 싶게. 매번 그러셔."

입으로는 웃고 있는데 눈물이 왈칵 쏟아질 것 같았다.

아버지는 스포츠에 만능이셨다. 합기도, 기계체조, 테니스, 족구…. 소질보다는 독기 같은 게 있으셨고, 남한테 지는 걸 못 참아 하셨다. 상대가 비록 아들이라도….

나는 고등학교 2학년 때부터 배운 탁구실력이 아마추어치고는 제법 잘 치는 편이었다. 대학 1학년 여름방학 때 우연히 아버지와 탁구를 쳤다.

참 드문 일인데(아버지와 같이 한 놀이가 이때 이것 말고 기억에 없다.) 집 앞에 새로 탁구장이 생겨서였다.

아버지는 탁구채를 잡는 법 정도 아는 실력이니 당연히 내가 이겼다. 무엇으로든 이기고 싶었는데 통쾌했다. 더 어릴 때는 어서 힘을 길러 아버지를 때려눕혀야 하는 바람을 가졌으니까.

2학년 방학 때 고향에 내려갔다. 아버지는 나를 보자마자 탁구장으로 끌고 가셨다. 그리고 졌다. 내가 졌다. 질 수 없는데 진거다. 나로선 너무 억울했다.

비슷한 스코어가 되거나 내가 역전이라도 할라치면, "성훈아!" 불러놓고는 "예." 대답하려는 순간 서브를 날렸다. 또는 "잘 봐라… 잘 봐라이!"하시며 신경을 흩트려 놓고는 서브를 했다.

물론 중간 중간에

"안 되겠지?"

"야. 그걸 못 받니." 등등

온갖 자극적인 멘트로 추임새도 넣으셨다. 그러잖아도 급한 내 성격에 실수가 잦을 수밖에⋯.

억울하고 분했다. 그래도 진건 진거다. 그런 아들 뒤에서 아버지는 신이 나셨다.

씩씩대고는 집에 들어서자마자 방문을 소리 나게 닫고는 방에서 꼼짝 안했다. 그날은 저녁밥도 먹기 싫었다. 어머니가 슬그머니 들어오셨다.

"화 내지 마라. 작년에 너 다녀가고 아버지 틈만 나면 탁구장 가서 연습한 거야. 땀에 흠뻑 절어서는⋯. 그 나이에 새삼 배워서 뭐한다고."

참 이상했다. 그 연세에 아들을 그것도 탁구로 이겨서 뭐 하시겠다고⋯. 그래도 어느 정도 화는 가라앉았고, 늦은 저녁밥을 먹었다. 그날 저녁 내내 아버지는 싱글벙글이셨다.

그런 아버지신데⋯. 그랬던 아버지시니 아들과의 약속을 어떻게든 지키시려는 거다. 아무리 식욕이 떨어져도 식사 거르지 않겠다는 그 약속, 뭐든 잘 드시겠다는 그 약속, 당신을 닮아 독한데다 버르장머리 없는 놈의 새끼. 그 아들 놈 앞에서 포기하는 기색을 보여서는 안 된다는 투지로 꾸역꾸역 드신 거였다.

모래알을… 씹으신 거다.

그날은 집으로 가는 길이 너무 멀었다.

마지막 날
05

 그 연세에 그렇게 많은 횟수의 항암치료를 견뎌낸 사람이 별로 없다고 했다. 열 몇 번을 했는데 약은 더욱 독해졌고, 아버지는 노승처럼 급작스레 마르고 늙으셨다.
 나는 모든 스케줄을 아버지 진료일, 투약일에 맞췄고 직장인이 아님을 얼마나 다행스럽게 생각했는지 모른다.
 그날도 모시고 진료를 받는 날이었다. 항암제도 바뀌고 검사, 주의사항, 약처방 받아 병원 이곳저곳에서 수속을 밟고, 미리 순서표를 뽑아 주머니에 넣고 다니며 너무 기다리지 않게, 혹은 막힘없이 일사천리로 그날 진료를 마쳤다.

"여기 잠깐 기다려 엄마, 아버지하고…. 차 갖고 올게."

그렇게 말하고 돌아보는데 아버지가 화사하게 웃으셨다. 그리고 엄마한테 뭐라고 하셨다.

지하 주차장에서 차를 빼서 오피스텔에 모셔다 드리고 늦은 오후 출근을 했다. 퇴근하며 들렀다. 저녁은 회사에서 먹고 온 늦은 시각이었다. 항암제를 투여한 날이니 아버지는 깊은 잠에 빠져 있었다.

"밥은?"

엄마가 물으셨다.

"지금 몇 신데…. 먹었지. 에고~ 우리 할배(편찮으신 이후 내가 붙인 아버지 애칭이다.) 힘드셨는가배. 주무시는 거 보이. 근데 엄마."
"와?"
"아까 병원에서 아버지가 엄마한테 뭐라 하시던데…. 뭐라 했는데?"

거북이가 된 고슴도치

엄마가 웃으면서 말씀하셨다.

"니 똑똑하다고…. '성훈이 저거 몰랐는데 참 똑똑하다' 하시더라."

아버지가 나를 똑똑하다고, 환하게 웃으면서 똑똑하다고 하셨단다. 그건 다른 집에선 '자랑스럽다' 정도의 칭찬인 거다. 품안에 키우면서도 유독 내게만 칭찬에 인색했던 아버지.

그런 당신이 하필 가장 고통스럽고, 죽기보다 힘든 지금, 삶의 마지막 끝자락에서 과분한 칭찬을 하신 거다.

똑똑하다고…. 내 새끼 잘났다고…. 겨우 병원 수속 밟는걸 보고 말이다. 실실 눈물 같은 웃음이 샜다.

'4. 6. 3' 판정이 난 날. 실컷 울고 안 울기로 다짐했으니 안 울었다. 나도 약속을 지켜야 해서 눈물도 안 흘렸다. 아버지도 끝까지 지키니까….

그런데 왠지 펑펑 운 것만 같은 기분으로 돌아왔다. 5월에 판정을 받고 해를 넘겨 이듬해 추석을 쇠고 떠나셨으니 시간상으론 1년 6개월을 사신 거다.

마지막 몇 개월은 너무 힘들어 하셔서 조금 빨리 가셨어도 좋았지 싶다. 그래도 인공호흡기 한 번 안 써보시고, 고통 없이 그것도 아주 좋은 시간에 가셨다.

  싸가지 없는 아들놈과의 약속도 다 지키고 돌아가신 거다. 앉아 있을 기력만 있으셔도 식사를 하셨다. 약도, 치료도 거르지 않고 당신이 가르쳤던 학생처럼 고분고분 다 따르셨으니 나는 마지막까지 아버지를 이기지 못하고 보내드린 셈이다.

"너무 힘들다…. 인자 고만 해야겠다."

  저녁상을 마주하고 그 말씀을 하셨을 때 예감했다. 이제 얼마 안 남았다는 걸. 가실 채비를 하시는구나 싶었다.
  다른 때 같았으면 쓸데없는 말씀 하신다고 뭐라 한마디 했을 텐데 아무 말도 못했다. 이제는 그러면 안 된다는 것을 알았다.
  묵묵히 혼자 먹었다. 꾸역꾸역 혼자 끝까지 먹었다.
  모래알을 씹는다는 게 어떤 건지 그제야 알겠더라.

  '그동안 힘드셨네. 많이…'

  그리고 얼마 지나지 않아 앉아 있을 기력도 없어 침대에서 죽을 드셨고, 의사는 오래 사신 거라고, 대단하신 거라고, 위로인지 찬사인지 모를 말로 입원을 만류했다. 어차피 병원에서 할 수 있는 게 아무것도 없다고….

그날이야 말로 다른 날과 너무나 변함없는 날이었다. 언제나처럼 퇴근을 했고 오피스텔에 들렀다. 최근 들어 그렁그렁 숨소리가 거칠어지긴 했지만 어제도 그제도 그랬으니까.

다음 날 아침 일찍 골프약속이 잡혀 있었다. 마음이 그리 편치 않으니 내키진 않지만 중요한 약속이고 거절하기 어려운 분들과의 만남이었다. 엄마는 빨리 가서 자라고 채근하셨다.

"내일 ○○형님이 주선한 중요한 골프라면서. 어여 가라."
"예. 예…. 알았다니까"만 몇 번을 하면서 뭉그적댔다.

이상스레 어제와 똑같은 상태신데 호흡도 고른데 발걸음이 떨어지지 않았다. 뭐라 설명하지 못 하겠다. 그게 뭔지 지금도….

밤 11시가 넘은 시각. 오피스텔 복도로 나가 ○○형한테 전화를 했다.

"형님 저 내일 도저히 못가겠어요."
"왜 아버님 상태가 안 좋으시니?"
"아니… 아니 그건 아닌데…. 아무튼 모르겠는데 가면 안 될 것 같습니다."

"음 알겠다. 내일 골프는 어떻게든 내가 알아서 할 테니까 너는 신경 쓰지 말고 있어라."

골프를 치는 사람은 안다. 하루 전 그것도 밤에 약속을 펑크 내는 게 얼마나 무례하고 몰상식한 짓인지.

엄마는 의아해 하면서 샤워를 하러 화장실로 들어가셨다. 엄마는 매일 몇 번씩 따뜻한 물에 수건을 적셔 아버지 몸을 돌려가며 닦아주셨다. 그래서인지 환자인 아버지는 뽀얗게 혈색이 좋으셨고, 정작 피곤함이 밴 엄마는 밤이 되서야 늦은 목욕을 하고 피로를 푸셨다. 막내한테 전화를 돌렸다.

"○○아 지금 일로 와라."
"형, 아버지 뭔 일 있어?"
"없는데…. 없긴 한데 내가 예감이 안 좋다. 얼른 온나."
"응."

동생이 링거를 들고 달려왔다. 새벽 1시를 넘겼다.
그새 엄마는 목욕을 마쳤고, 동생은 혹시나 몰라 주사액을 매단다고 창틀에 올라섰다. 나는 내내 아버지 얼굴만 보고 있다.

"○○아! 내려와…. 엄마! 아버지 가시는 것 같애."

"후~~우~~후~~~우~~~~~후~~~~~~~~~~~우~~~후욱~~~."

마지막에는 "후욱" 숨을 들이키더니 촛불이 사그라지듯 천천히 아주 천천히 내쉬고 다시는 들이마시지 않으셨다.

다시는….

시계를 봤다. 새벽 2시다.

잊고
사는 것들

　누구나 처음은 누군가의 아랫사람으로 시작하게 마련이다.
　나 역시 그렇게 지금은 누군가의 윗사람이 되어 있으니 대부분 사회생활의 시작과 마지막은 크게 다를 바가 없다.
　그중 이번에 처음 인사를 나눈 한 사람은 예비 명예퇴직자였고, 또 다른 이는 대기업 임원인데 곧 그만두고 창업할 계획을 가진 후배다.
　연말이면 겹치기 일쑤인 송년회 자리에 이런 멤버 구성이라면 분위기가 무겁게 가라앉을 수도 있으련만 이 날은 오히려 조금은 들떠 있는 것이 의외였다.

아마 희망이라는 중독성 강한 호르몬과 술이라는 휘발성 강한 마약이 일으키는 상승작용일지도 모른다는 생각을 하고 있을 즈음이다.

나름 오랜 직장생활과 간부직을 한 그 후배가 그동안 직장 동료들(대부분은 부하직원들)과 어떤 유대관계를 가졌고, 나름 친밀함을 유지하기 위해 어떤 노력을 기울였는지를 얘기하던 중이었다.

격식을 안 따지고 편하게 대할 수 있도록 배려하고, 허심탄회한 얘기들을 주로 했으며, 일 얘기는 되도록 삼가며 회식을 자주 했다는 대목까지 이르렀을 때였다.

"아무리 그래도 보스는 있는 게 없는 것보다 나은 경우는 없어."

그 자리에 있는 이들 중 가장 어른이신 박고문님이다. 국내 굴지의 대기업에서 대표이사로 퇴임하셨는데 나는 평소에도 여러모로 존경심을 품고 있다.

게다가 가끔 던지는 이런 촌철살인의 멘트가 압권이다.

"보스는 말야, 아랫사람 입장에서는 없는 게 항상 옳은 법이거든 ㅎㅎㅎ."

"맞습니다."

"그렇네요. 가만 생각해보니…."

"아 네~."

다들 동조하며 웃음을 터뜨렸다. 그렇지. 고문님 역시 대기업 총수인 보스와 평생을 해왔고 또한, 보스로서 그만큼의 세월을 보냈으니 누가 부정할 수 있겠는가?

우리는 가끔 다 알고 있고 배운 것을, 이전에 느낀 것을 무심코 넘기거나 잊어버린다. 이전의 기억을, 아프고 불편했던 경험을, 그 당시에는 절박하고 중요했던 여러 사실들을 세월과 함께 흩뿌려 버리고 까마득히 잊어버린다.

우리에게도 아랫사람이었던 적이 있었다. 그게 시작이었다. 그래서 그때는 어색하고 불편했다. 아무리 윗사람이 만면에 웃음을 띠고 편하게 대했어도….

앞으로 작은 회식에서도 얼른 자리를 떠야겠다. 젊은 친구들 편하게….

보스는 없는 게 제일이다.

졸업
작품

"저기 교수님…."

강의를 마치고 주섬주섬 노트북을 챙기는데 한 여학생이 서 있다.

"응. 왜?"
"잠깐 면담요청해도 돼요? 상의 드리고 조언을 듣고 싶어서요."

당장이라도 눈물이 또르르 구를 것만 같은 큰 눈망울이 인상적인 친구다.

"응 그러자꾸나."

학생식당에 딸린 카페에서 털어놓은 고민은 졸업작품 주제에 관한 것이었다.
지금은 도시재개발로 철거중인 영등포 옛 사창가(신세계백화점 뒷길)에 '여성인권과 관련된 테마거리'를 주제로 삼고 싶은데 지도교수님이 부정적이라 어찌해야할지 모르겠다는 내용이었다.

"가장 관심이 가고 흥미로운 주제를 잡는 건 당연하고, 니가 정하는 건데 정작 걱정하는 건 따로 있지 않니?"
"네."
"그게 뭐니?"
"아무래도 지도교수님 의견을 따르는 게 저로서는 평가나 나중을 봐서라도…."
"그래, 그럴 거라 예상했어. 그런데 니가 지도교수님과 상의해서 정한 주제로 졸업작품을 준비하면 아무래도 정성이나 흥미가 덜 할 거고, 비록 평가는 좋게 나오더라도 평생 한 번 뿐인니 졸업작품은 스스로 만족스럽지 않을 거야. 취업해서도 너의 아이디어와 계획대로 만들 작품은 한 10년 뒤에나 가능하게 될 테니까, 소중한 기회를 버리지 않았으면 해."

"그럼 저는 어떻게 하는 게 좋을까요?"

"내가 너라면 니가 그리는 그림을 잘 설명할 자료를 준비할 거다. 아마 그 주제로는 원서나 논문으로는 있지 싶다. 논문은 국회도서관을 이용해 봐. 그렇게 해서 적극적으로 교수님을 설득하겠지. 왜 하고 싶은지? 어떻게 전개할 건지? 그리고 무엇보다 이게 너한테 어떤 의미인지…. 아마 그러면 될걸."

비로소 얼굴이 펴진다.

"네 알겠습니다."

이후 설득에 성공했다는 소식을 전해줬고, 그 주제로 졸업작품을 완성해서 내게 자랑스레 보여줬다.

이런 경우

"저녁에 보자."

"근데… 형, 밥은 먹을 수 있는데, 술은 안 돼."

"왜?"

"어제 병원 갔었잖아. 어깨 아픈 거 염증이 있는데 자꾸 술 마시니까 잘 안 낫는 거래. 그래서 당분간 금주하래서."

"괜찮아, 먹어도…."

"안 된다니까."

"의사하고 마시는 술은 괜찮아."

"…?"

의사와 마시는 술은 알코올성분이 소독을 해주는 모양이다.

분노해야 할 때

 땅바닥에 커다랗게 엄마 그림을 그려놓고 그림 속 엄마 뱃속에 웅크리고 앉은 아이 사진을 본다. 그저 먹먹해한다면 어른이 아니다.

 어른이라면 팔레스타인 난민촌의 눈물 가득한 그 어린 눈망울과 소말리아 아이들의 앙상한 갈비뼈와 북한 아이들의 움푹 패인 뺨까지 떠올려야 한다.

 바닷가에 밀려온 시리아 난민 아이의 주검을, 그 조그맣고 통통한 발목을 잊어서는 안 된다.

끓어오르는 분노를 느껴야 한다. 화를 내고 소리치고 달려들어야만 한다. 그 증오의 대상이 누군지, 무엇에 돌을 던져야 할지 정확히 알아야 한다.

어른들은 지켜봐서는 안 된다. 느껴야 한다.
어른들은 침묵해서는 안 된다. 외쳐야 한다.
어른들은 따라가서는 안 된다. 나서야 한다.
그래야 어른이다.
그래야지 아이들을 지킬 수 있다.

죽음의 상인과 결탁해서 검은 황금을 뺏으려 거짓 정보와 감언이설을 퍼트리는 나라. 그렇게 남의 나라를 찢어발기고도 세계 정의를, 국제 질서를 외치는 패권국 미국을 경계해야 한다.

수많은 양민을 학살하고도 단 한사람의 전사자를 이유로 선혈 낭자한 보복을 서슴지 않는 다윗의 자손들. 죄 없는 도시에 장막을 둘러쳐 고사시키는 믿음이 병든 이스라엘의 민낯을 제대로 봐야 한다.

강자의 푸른 시선에 눈길을 맞추고 그자들의 하얀 변명에만 귀 기울여서는 안 된다. 우리보다 가난하다고, 피부색이 까맣고 낯선 종교를 가졌다고 밀쳐내서는 안 된다.

너무나 인간적이었기에 조용히 기도하는 평화를 너무도 간절히 원했기에 형제를 전장에 떠나보내고 자식의 허리에 폭탄을 채웠는지도 모른다.

좀 더 지혜로워져야 한다. 지금보다 눈이 더욱 맑아져야만 한다.

어른이, 우리가 이 땅을 화염에 휩싸이게 하고 곁불을 쬐려는 그 불순한 시도를 막아내지 못한다면, 전쟁과 죽음의 공포를 팔아 제 잇속만 채우려는 그 음흉한 속내를 읽어내지 못한다면 결코 우리 아이들을 지켜내지 못한다.

우리 아이들이 땅바닥에 엄마 그림을 그리지 않게 해야 한다.

소맥의
유래

크리스마스가 얼마 남지 않았다.
복학생으로 방학을 앞둔 이맘때였다.

무슨 일 때문인지 기억은 안 나지만
아무튼 친구 네놈이
자취방에서 비싼 맥주를 한껏 사다 마셨다.
아침에 깨어보니 모조리 빈병이다.

희한한 일이었다.

어젯밤에 아무도 소변보러 나가질 않았다.
밖은 무척 추웠고
그래서 다들 맥주병에 일을 봤다.

그 많던 소맥은 누가 마셨을까.

내 것이
된다는 것

이발을 한다.

미용실보다 사우나 이발관이 좋은 이유는 깍은 뒤에 곧바로 샤워할 수 있다는 개운함이 있다.

해본 사람은 안다. 마무리 단계에서 날 선 면도칼의 그 서늘하면서 찌릿한 절삭감을….

귓볼 솜털까지 김연아 피겨스케이팅 하듯 미끄러지고 난 후의 청량감은 그 어디서도 맛보기 힘들다.

이틀 후 어머니를 뵈러 간다.

어머니는 내가 집안 행사건 명절이건 또는 대학생으로 방학이라 고향을 찾을 때도 내려오기 직전에 막 머리 깎고 오는 걸 타박하고 나무라셨다.

어떤 때는 역정까지 내셨다. 너무 티가 난다고, 마음에 안 들게 깎았다고, 머리 모양이 이게 뭐냐고도 하셨다. 그때마다 이유가 달랐지만 전하는 메시지는 한결같이 분명했다. 미리 채비를 갖추라는 것. 그래야 일정시간이 지나 자연스럽고 제대로 모양이 잡힌다는 당부셨다.

어머니는 오랜만에 남들한테 보이는 아들이 항상 단정하고 깔끔한 생활하는 아이로 보이길 원하셨고, 그래서 고향을 오거나 집안행사에 내려오기 며칠 전에 이발하길 바라신 거다.

막 깎은 머리는 언제 봐도 촌스럽고 어색하다.

내 것이 되기까지는 시간이 필요하다.

금성에서 온 여자와 살기 01

참 많이 다른 사람이다. 아니 사람은 어차피 다 다른 종족이니까 맞지 않는 사람이란 표현이 맞을 수도 있다.

20년을 같이해 온 아내가 그렇다. 작심하고 한 얘기였다.

아내는 트리플 A 혈액형과 천상여자, 그리고 언제나 상대부터 배려하는 고운 여자다. 그런 사람이라 다혈질인 내 속을 뒤집어 놓을 때가 있어 문제지.

아내가 몇 년 전부터 그토록 원하던 바였지만 우선 경제적인 부담이 컸었고, 아이들도 엄마 손이 많이 필요한 때라서 늦췄었다.

그리고 시간이 흐르고 나면 사그라질 줄, 아니 그러길 기대했었다.

    그녀는 오랫동안 대학원을 진학해서 공부를 더 하고 싶어 했다. 세월이 흘러도 어찌된 셈인지 사그라지지도 잊지도 않았던 거다.
    근데 이번에 내 특유의 오기가 발동했다. 하필이면 그 오기와 그녀의 바람이 부딪쳐 스파크를 일으키고 불이 옮겨 붙은 셈이다.
    오기의 발단은 두 가지다. 하나는 요즘 경기가 예전만 못해 회사가 어렵다는 것이고, 또 하나 결정적인 변화는 내년이면 우리 집에 대학생이 두 명이 된다는 사실이다. 아내가 대학원 진학까지 한다면 대학원 1명, 대학생 2명의 지금껏 내가 겪어보지 못한 초유의 재정적자 혹은 재정파탄의 위기에 직면하게 된다.
    이렇게만 보면 일반적이고 상식적인 결정이라고 볼 수는 없다. 그런데 나는 이럴 때 지른다.
    아이들을 대학에 안 보낼 수도 없잖은가? 그런데 회사는 어렵고 주머니는 비었다. 어차피 상황은 내가 어찌지 못하는 어려운 상황으로 흘러간다. 이럴 때 나는 어차피 어렵고 고달픈 거 막다른 데까지, 벼랑 끝까지 몰아넣는 방법을 택한다.
    그리하면 수북이 쌓인 허연 재 속에 있던 숯이 바람에 발갛게 달아오르는 걸 느낀다. 다시 전장에 나서야하는 장수의 비장감이 스멀스멀 피어오른다.

그래서 말이 안 되는 듯한 결정을 통보했고 천진한 아내는 아직 오지 않은 봄을 맞은 산골처녀처럼 팔랑거리며 수속을 밟았다.

다른 학교보다 입학수속도 교육과정도 까다로운 학교라고 했다. 어제 원서를 제출하고 홀가분한 마음이니 한잔하자 해서 마주한 자리였다.

거기서 예상치 못한 내 방언이 터졌다.

금성에서 온 여자와 살기 02

"좋아?"

"응."

"다행이네."

"근데 어제 교수님을 뵀어."

그 학교 교수인데 외부 강연 때 일 관계로 만나던 분이라고 했다. 자신을 좋게 봐줘서 항상 고맙다고도 했던 기억이 있다.

"그랬어?"

"응. 원서 접수했다고…. 그런데 교수님이 공부를 원서로 해야 돼서 영어는 잘 하냐고 묻더라."

"그래서?"

"못한다고 했지. 형편없다고…."

"그러니까 뭐래?"

"괜찮다고, 입학이 되면 그때부터라도 열심히 하면 된다고, 일단 결과를 보자고…."

여기서 억누르고 있던 마그마가 분출했다. 아내는 얼마 전까지 초·중등 영어를 가르치던 강사다. 결혼 전에는 외국계 항공사를 다녔다.

암만 못해도 그 학교 입학 신청자 중에 하위권은 아니지 싶은데 그렇게 대답했다는데 화가 치밀었다. 항상 이런 식이다.

"여보 내 말 잘 들어."

"응."

"당신 그 학교 가고 싶지?"

"응."

"그런데 만약 그 교수님이 당신의 어제 대답 때문에 내심 '안 되겠네. 수강능력이 안 되서…'라고 판단하고 누구에게도 추천하지 않고 그래서 면접하는 교수들이 실력을 검증할 기회조차 주지 않는다면 당신은 어떨 것 같아? 그게 당신이 원하는 거야?"

"아니… 나는 진짜 다 까먹고 지금은 단어도 잘 생각이 안 나서…."

"그게 문제란 거야. 어차피 내가 아는 당신은 입학한다면 지금까지처럼 최선을 다해서 할 거고 누구보다 열심일 걸 알아. 그건 당신 자신도 아는 거잖아."

"그런데…."

여기서 울먹울먹 눈시울이 붉어지고 금세라도 눈물이 떨어질 것만 같다. 그래도 멈추긴 늦었다.

"불필요하게 자신에게 겸손해서는 안 된다고 생각해. 적어도 이 나이에 다시 학업을 시작해서 꿈을 이뤄보고 싶다면 그래서는 안 된다고 생각해. 나 같으면(나는 Ok, Thank you만 자유롭게 구사하지만 세계일주도 두 단어로 할 자신이 있다.) '다른 사람만큼은 하는데(기준은 내 맘이니까) 그래도 열심히 해야죠. 기회만 주어지면 언제든지 준비는 되어 있습니다' 정도로는 얘기할 것 같아. 뭐 더 솔직히는 나중에 어찌되든 '잘 합니다' 해놓고 뒷감당할 궁리를 하겠지만….”

"그렇구나. 알았어."

"자신을 과신하는 것도 나쁘지만, 더 나쁜 건 자신을 자기가 아는 것보다 더 비하하는 거야. 그러지 마. 당신은 내가 못 가진 걸 가지고 있잖아. 누구든 당신을 위하려고 하고, 좋은 인상을 갖게 하는 따뜻한 매력을 갖고 있고, 다른 사람들을 다독거리며 잘 이끌어가는 부드러운 리더십도 가졌어. 난 그게 부러워. 나 봐! 성격 까칠하지. 아닌 건 도저히 못 참지. 그나마 선후배들, 친구들이 날 따르는 건 '저 새끼 건드려서 좋을 건 없다' 싶어서일 거야."

이 지점 정도에서는 달래줘야 한다. 아니면 울음보 터진다.

"진짜 그렇게 생각해?"

비로소 웃음이 번진다.

"그~럼. 에이 못할 말 했네. 마지막 말은 안했어야 하는데….”

그러다 애들 얘기로 넘어간다.

금성에서 온 여자와
살기 03

 꼬막과 막걸리는 언제나 훌륭하다. 아내의 감기 기운이 떨어진 듯해서 가진 단골 주막에서의 술자리다. 최근에 겪은 내 에피소드를 듣다 조심스레 꺼낸 아내의 말.

"당신은 속이 따뜻해서 다른 사람 배려도 잘하고, 정겨운 말로 위로도 곧잘 하는데…. 정작 우리 애들은 당신 속내의 절반도 모를 거야. 자주 그런 걸 느끼게 해줘."
"그래? 정말 그럴까? 알 텐데… 아는 것 같던데….”

"다 모를 걸."

아들 놈 얘기다. 아침마다 엄마가 깨워줘야 하는 생활태도가 못마땅해 꾸짖거나, 밤늦게 수행평가인가 뭔가를 한다고 안 자고 있기에 화를 내는 경우를 말하는 거다.

그랬다가 다시 풀고, 끌어안고 장난치건만 아내는 늘 그랬으면 하는 거다. 하기야 나와도 사소한 말다툼 후 이어지는 그 냉랭함을 반나절도 못 견디는 사람이다.

항상, 언제나 볼 수 있고, 풀 수 있고, 끌어안을 수 있다 보니 언제나 사랑을 표현하는데 미흡했구나 싶다.

그러다 아내 말대로 안고 뒹굴고 핥기만 해도 우리 품에서 떠날 날이 얼마 남지 않았다는 생각에 이른다.

혼내는 것도 쓰다듬는 것만큼 넘치는 사랑이다.
내치는 것도 품는 만큼 깊은 사랑이다.
다만 받는 사람을 배려하지 않는 사랑은 문제다.

금성에서 온 딸 키우기

포항지진으로 뒤숭숭한 가운데 퇴근하는 길. 아파트 1층 엘리베이터에서 딸과 마주쳤다. 다시 독서실 가는 길이란다. (딸은 재수생이다.)

"좋잖아. 1주일 더 여유 생기고…."
"싫어. 너무 힘들어~."

눈물을 찔끔거린다.

왜 안 그렇겠는가. 예능계라 내년 2월까지 이어질 강행군이니 어느 하나라도 끝마쳤으면 하는 간절함을 안다.

듣자하니 엄마와 내일 수능 끝나고, 저녁 먹고 헬스 끊으러 갈 거라고 신이 났었다는데….

"그럼 이왕 이리 된 거. 그냥 일주일 아빠랑 여행이나 갔다 올까?"
"그래! 그럴까. 좋아! 난…."

이제야 화색이 돈다.
.
.
.
"아빠, 나 독서실 데려다 줘."
.
.
.
"그러자."

"근데 아빠… 오늘 있잖아…. (주저리 주저리….)"

금성에서 온 아내가 금성에서 낳아 온 딸이 분명하다.
근데 화성에서 끌고 온 아들 이 자식은 어디 간 거야?
같은 화성인한테 스트레스라도 풀어야겠다.

새끼와
제자

고등학생들이라도 시내에서 담배나 술을 하다 경찰에 걸리면 단속대상이던 시절이었다. 그런 연락은 으레 학교 학생주임에게 오고 아버지는 오랫동안 그 보직을 맡고 계셨다.

그날이 그랬다.

다이얼 전화기에서 흘러나온 소식은 그리 좋은 내용이 아니었다. 좋은 소식은 저녁상을 물린 그런 시간에 울리는 적이 별로 없었다는 것을 우리 가족은 익히 알고 있었다.

아버지는 파자마바람으로 후다닥 뛰시고 나는 어머니가 던져준

아버지 바지를 들고 뒤따랐다.

집에서 불과 100m 남짓한 파출소에는 검정교복 3명이 꿇어앉아 있었고, 순경은 그 앞에서 훈계하던 중이었던 것 같다. 아버지의 거친 항의로 일어난 파출소에서의 해프닝은 어린 내게 우리 아버지가 싸움을 잘한다는 강렬한 인상을 남겼다.

왜 그랬냐는 어머니의 물음에,

"내 새끼들이 도둑질을 했어? 강도질을 했어? 왜 지들이…."

그랬다. 학교에, 당신에게 먼저 연락하지 왜 범죄자도 아닌데 파출소로 끌고 갔냐는 불만에서 그 사달이 벌어진 거다.

제자들이 아버지에게는 "새끼들"이니까….

누룽지

아들 녀석은 누룽지를 좋아한다.

아내는 늦은 시간 학원을 마치고 온 아들을 위해 프라이팬에 밥을 펴서 눌려놓곤 한다.

구수한 냄새에 이끌려 주방으로 가니 프라이팬엔 예의 누룽지가 그리고 모자지간 대화가 재미있게 익고 있다.

한 귀퉁이를 뜯어 먹었다.

아들 - "안 돼~ 아빠!"

나 - "왜 인마."

아들 - "제 꺼잖아요. 엄마가 저 먹으라고 해주신 건데. 내 꺼야! 왜 그랬어? 왜 그랬어!"

애교가 많은 녀석이라 장난스레 칭얼거린다.

나 - "야, 니가 이 집에 쌀 한 톨이라도 갖고 들어온 적 있어? 어디서 니 꺼래?"

아들 - "······."

나 - "안 그렇니 딸?"

딸 - "맞아. 아빠 말이 맞쥐~."

이로서 노후에 누구 집에 숟가락 걸칠지 정해졌다.

딸네집이다.

저 놈은 밥 안 줄 거니까.

오늘 쓰는
어제 일기

"바람을 타고 날아오르는 새들은 걱정 없이

아름다운 태양 속으로 음표가 되어 나네

향기 나는 연필로 쓴 일기처럼

숨겨두었던 마음

기댈 수 있는 어깨가 있어 비가 와도 젖지 않아

어제의 일들은 잊어

누구나 조금씩은 틀려 완벽한 사람은 없어

실수투성이고 외로운 나를 봐

난 다시 태어난 것만 같아……"

언제나처럼 밤 10시가 넘어 학원을 마친 딸아이는 차에 타자마자 익숙하게 카오디오와 블루투스를 연결시키고 음악을 튼다.

"아빠 이 노래 알아?"
"글쎄 익숙하긴 한데… 아이유니?"
"응. 리메이크한 노랜데 '비밀의 화원'이란 곡이야."
"그렇구나."
"난 이 가사가 너무 좋아. '누구나 조금씩은 틀려~' 이 대목이 너무 좋아."

알 것 같았다. 왜 그런지…. 내일은 재수 중인 딸이 첫 실기시험을 치른다. 작년, 태어나서 처음 겪은 좌절에 쓰리고 아팠을 아이가 재도전을 앞두고 지금 얼마나 불안하고 초조할까 싶었다. 그렇게 아무 말 없이 운전대만 움켜쥐고 돌아왔다.

'그래 누구나 조금씩은 틀린단다. 애야~ 어제일은 잊으렴.'